삼국지톡

문학동네

삼국지톡
2
글 무적핑크 그림 이리
기획·제작 YLAB

등장 인물

유비(字 현덕)

황건적 토벌을 위해 전장에 뛰어들어 큰 공을 세우지만,
흙수저 출신으로 차별을 당한다.

관우(字 운장)

늘 조용히 유비의 말을 따르고, 동생 장비의 투정을 받아준다.
과묵하고 의리 있는 성격.

장비(字 익덕)

불의를 보면 참지 못하고 부당한 대우를 받으면 폭발한다.
취미는 SNS 포스팅, 댓글로 소통하기.

조조(字 맹덕)

황건적 토벌의 일등공신.
썩어빠진 황실에 넌더리를 내며 떠났다가 원소에 의해 복직한다.

원소(字 본초)

십상시를 치기 위해 조조와 하진 장군을 회유한다.
출신은 초라하나 야망은 거대한 사나이.

차례

•「황건적의 난」 2부•

二十. 개나 소나

음?
조조 字 맹덕
유비 字 현덕

처음 보는군. 저 귀 큰 자는 누구지?
볼품없는 옷차림, 낡아빠진 갑옷은 온통 칼자국투성이…
흥! 이름 없는 의병 나부랭이인가…
야~ 우리~ 조아만*이~ 대승!!! 추카추카~ ^.^

*아만 : 조조의 아명.

모가지 1만 개! 크으~ 황제폐하 어깨춤 추시겠네~
이거 뭐~ 출세는 따놓은 당상이구먼~?
황실 소속 감찰관*
새로운 연락처
추가
♥참된우리나라에~충신~ 진정한영웅~미남~조조♥
전화번호 추가
번호 좀 부탁해요오~ 내가 폐하께 말 자알~ 드릴게~!
우리 같이 골프도 치고~ 사우나도 가고~
엥?

*감찰관 : 장수가 전쟁중에 어떤 공을 세웠는지 황제에게 보고하는 관료.

얌마!!! 눈 깔어!!! 어~디 천한 의병~ 따까리가~
에헤이~ 저, 저… 싸가지~! 꼬나보는 거 보소~?
개나 소나~ 갑옷 주워 입고 모가지에 힘주네~ 칵!!!
마! 니 내가 누군지 알어~?!

짜식이
까아불고
있어~
엥?
저벅
저벅

저벅
저벅

저벅
저벅
저벅
저벅

수고 많으십니다.
위험한 전장에서,
얼마나 노고가 크십니까?
나참, 저희 철밥통들이 잘했어야 하는데.

그래도
귀공 같은
용사 덕에,
이 나라에
희망이 있습니다.
하하핫!
토닥
토닥

이게 어렵나?
#말문막힘 #할말없음
황건적, 우리가 싼 똥입니다.
타 타타 타
그거 저 '**개나 소**'가 대신 치우는 중인데
좋은 말 한마디가, 그리 어렵나?
타타타타...

타타 타 타타
모자라긴.

저 어르신은 영웅일까?
아님 나쁜 놈일까?
타타 타타타

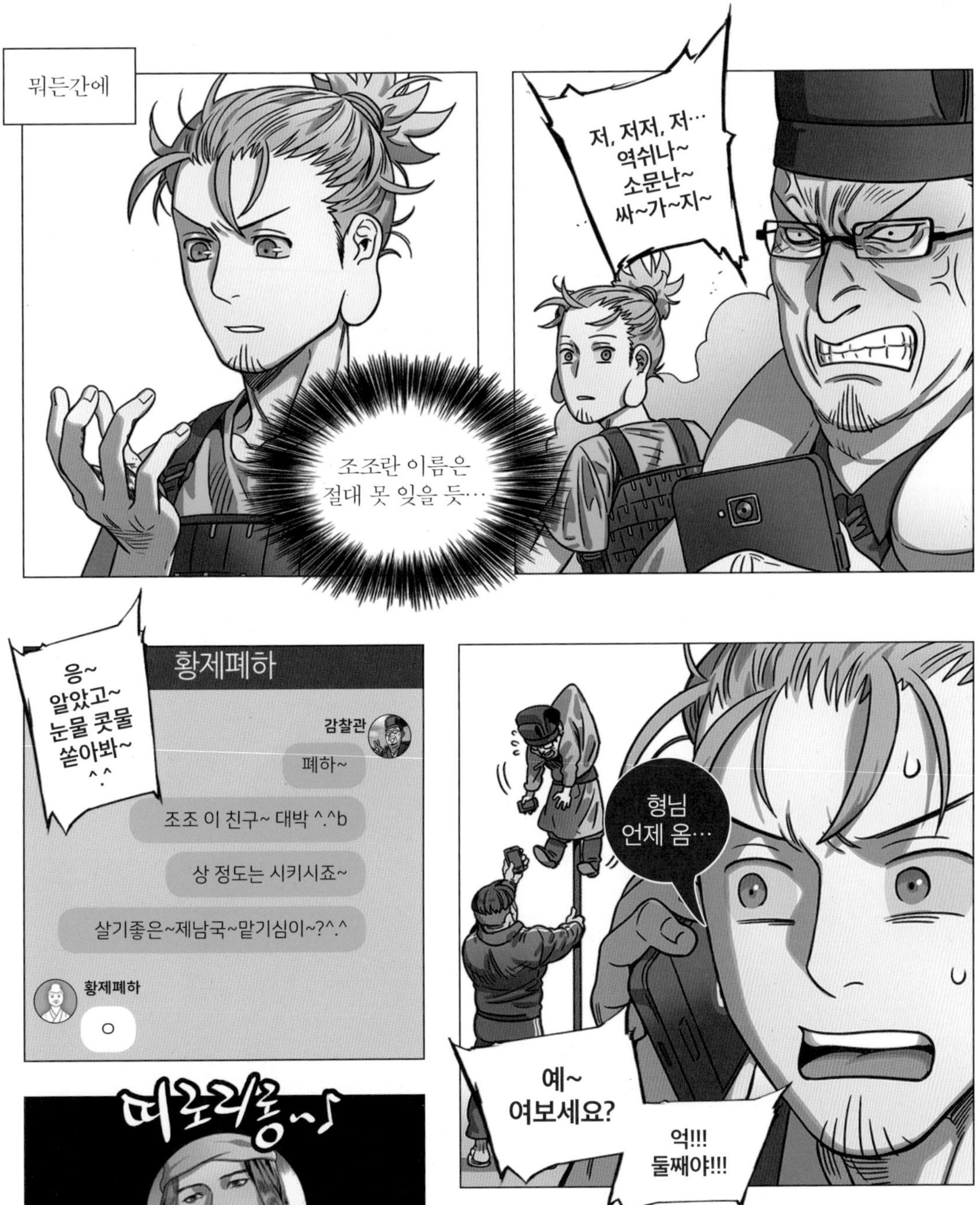
뭐든간에
조조란 이름은 절대 못 잊을 듯…
저, 저저, 저… 역쉬나~ 소문난~ 싸~가~지~
응~ 알았고~ 눈물 콧물 쏟아봐~ ^.^
황제폐하
감찰관
폐하~
조조 이 친구~ 대박 ^.^b
상 정도는 시키시죠~
살기좋은~제남국~맡기심이~?^.^
황제폐하
ㅇ
형님 언제 옴…
예~ 여보세요?
억!!! 둘째야!!!

띠로리롱~♪
★둘째 관우★

*상相 : 한 지방을 다스리는 고위관직. 장관, 시장급.
*제남국 : 지역 이름. 부패, 비리가 가득했지만 이전 상들은 이를 바로잡지 못했다고. 묘사만 보면 거의 곤담씨티. 「三國志 魏書」

……
방금… 전화왔는데…
관장군님 이거 봐주셈
우리 노어르신 어떡함ㅠ
형님…
놀라지 마시고… 들으시길
노식 어르신…
처형 당하실지도 모릅…
엥??!!
유비 스승 노식

二十一. 이걸 어떻게 참아요

광종.
황건적 진압군 주둔지,
노식 영채.
두두두두두두
뚜~
다그닥
다그닥
말도 안 돼!
전화를
받을 수 없어…
이게 다 웬 헛소리야???

교수님!!

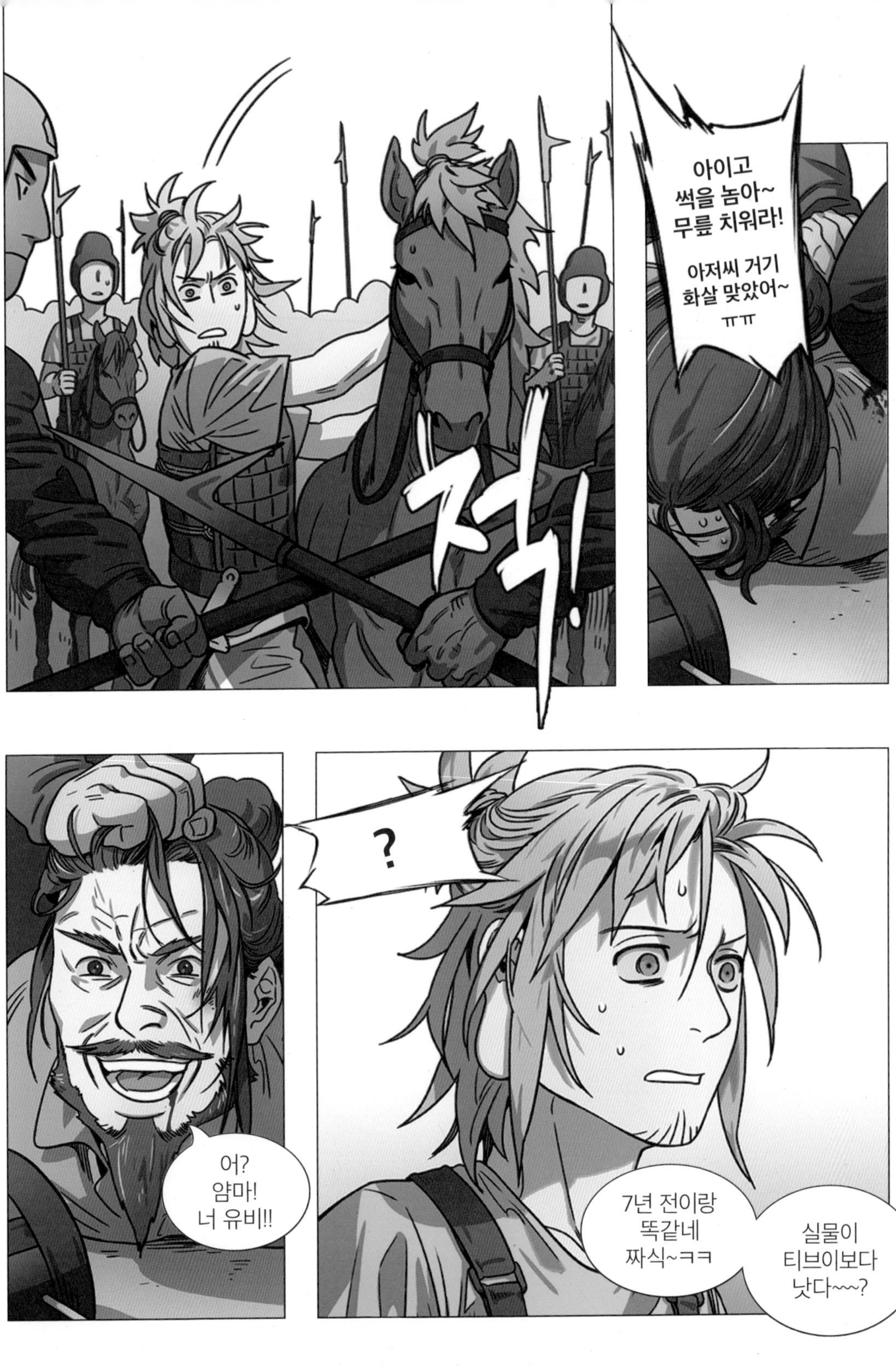
척!
아이고
썩을 놈아~
무릎 치워라!
아저씨 거기
화살 맞았어~
ㅠㅠ
?
어?
얌마!
너 유비!!
7년 전이랑
똑같네
짜식~ㅋㅋ
실물이
티브이보다
낫다~~?

애고고~ 죽상 보아하니…

영천에서 기사 보고 헐레벌떡 달려온 게로구나?
소식 지식人 솜씨 수포추 민화/패관문학 시
[속보] 중랑장 노식, 긴급체포… '스파이 혐의'
지휘관 자격도 빼앗겨…'충격'
황실 감찰관 폭로!
"황건적과 싸우진 않고 노식, 탱자탱자 놀기나 해"

소식 지식人 솜씨 수포추 민화/패관문학 시
1분 전 업데이트
황제폐하, 보고듣고 분노…."노식, 인성쓰레기!"
사실로 밝혀지면 '최소 징역' '참수까지도 가능'
기사 더보기 >
나 먹기는 쏘쏘, 남 주기는 싫어! 그럴 때, 먹어봐
천연재료로 만든
계륵닭갈비

나 나쁜 짓 하나도 안 했다!
껄껄껄
어어 쫄지 마~ 쌤 괜찮어~

내 멍청하게도… 함정에 빠졌단다!

며칠 전
감찰관 좌풍
똑똑,,ㅎ
감찰관 좌풍
감찰관 좌풍
,,,ㅎ
잡았다,,요놈,,ㅎ
노식 당신,,,군량미 몰래 빼돌렸다고 신고당함,,ㅎ
황제폐하께,,,일를것,,ㅎ
노식
띠요옹~?? 내가 언제~,,,ㅎ???

감찰관 좌풍
감찰관 좌풍
눈치가,,,없네,,ㅎ
좋은말,,할때,,,ㅎ 후한뱅크
184-01-189 진풍,,ㅎ
노식
캬~~ㅋㅋㅋㅋ 뇌물을 뜯네~~
근데~나리~ 나 돈없어~ㅜ.ㅜ
감찰관 좌풍
왜없어,,,다있지,,,ㅎ
요새 덥잖어~,,,
쫄병들 갑옷,,,벗겨서,,,
중고장터 올려~,,,ㅎ
노식
그러다 칼에 썰리라고?
이친구처럼~~?
X까~^.^b

어쩌나…ㅎ
나… 그거
진~작
깠거등…ㅎ??
내시라서…ㅎ
더. 깔 게. 음슴…ㅎ
감찰관
환관 좌풍

황제폐하는…
내 말이면…
다 들음………ㅎ

죄인… 노식을… (푸흥!) 끌어내라~~~ㅎㅎ!!!!
20년 전, 낙양.
난 짐승 새끼들이랑 일 안 해!!!!
허허~ 어찌 변한 게 하나도 없나~?
비야, 사실 쌤 벼슬했었다~?
때려치우고 선생 된 거야~
웃프다 웃퍼~
그래도 제자님 기죽이진 말아야지~!
야야~ 쫄지 말어! 괜찮아!!
막사 와이파이 비번 1234다~
너 여기서 친구들하고 쉬고 있어~!

혹시 틀리면~
0000 넣어보구~
ㅋㅋㅋ

?
비야.

"최소 징역"
"최대 참수"

쌤 끌려가면,
돌아가실지도 몰라…!!!
스링…
야!
유비!!!
어쩌려고 임마?

二十二. 말씀만 하셔

顏 안면장부
뿅!
장비
방금 전 모바일로 작성, 광종
ㅁㅊ 싸패들이 할아버지 X나팸
소소님 외 68명이 화나요! 댓글118개
소소님 외 68명이 화나요! 댓글118개
방금 전
장비
ㅁㅊ 계속패
개빡치네 왜저럼
방금 전
뿅!
소소
ㄷㄷㄷ 야니왜학교안옴
술먹다잘림ㅋㅋ?
7분 전
장비
ㅋ 나 자퇴
5분 전 화나요 18개
뿅!
철수
개도랏나 인생포기함 ??
방금 전
ㅌㅌ
ㄴ
인생베팅함ㅋ
뿅!

뽕!
장비
ㅋ 흠 잠시만
나 이따 다시 들어옴ㅋ
방금 전
소소
뭔데 급똥??ㅋㅋㅋㅋ

장비
노노ㅋㅋㅋㅋ
장비
울대장 화남ㅋ...

뭐야.
꺼져.

X끼 안 비켜?
셋 셀 동안 길 안 트면 대가리 깬다.
공무집행 방해로
하나, 둘…
해볼 만하다.
아니, 만만하다.
죄인 한 명 잡으러 온 거라 머릿수도 적고
아~ 연이은 실투로 무사만루입니다~
투수X끼 팔 잘라야 돼 ㅋㅋㅋ
긴장감 1도 없음!

셋!!
교수님, 걱정 마세요.
저랑 아우들 살벌하게 굴렀습니다.
이깟 놈들 껌이에요!

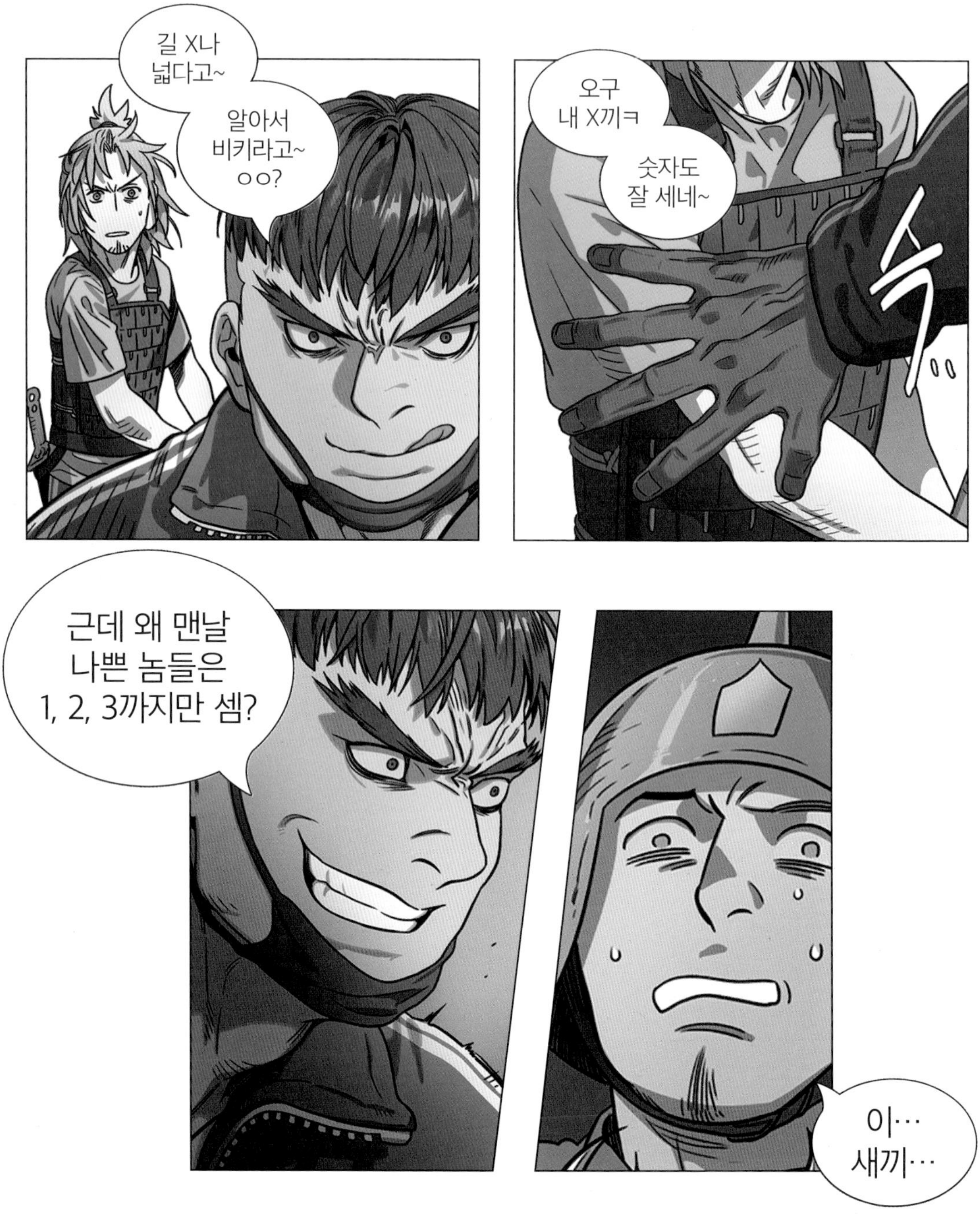
길 X나
넓다고~
알아서
비키라고~
ㅇㅇ?
오구
내 X끼ㅋ
숫자도
잘 세네~
스으…
근데 왜 맨날
나쁜 놈들은
1, 2, 3까지만 셈?
이…
새끼…

파팟
스윽...
건방진 놈들! 포위하랏!
흠칫
형 어쩔까ㅋ?

어쩌고 싶음ㅎ?
우리한테 말만 하셔.
이깟 놈들 껌이니깐ㅋ!!!

왜일까? 막내야! 씩씩한 네 목소리를 들으니…
오래전 들었던 노식 교수님 강의가 떠올랐어.
[콕콕 법과사회] NoSick쌤의 앓지마! 오답정리
여러분~ 살다보면~ 빡칠 일 많죠잉~?
특히 십소ㅑㅇ시 같은 내시 놈들~ 머가리 한 대 빡! 치고 싶죠잉~?
X 1.5
[콕콕 법과사회] NoSick쌤의 앓지마! 오답정리
괘씸죄
그러나! 참아야 한다~
X 1.5

흠칫
척
감찰관은 황제의 분신!
건들면 모조리~
역적 되는 겁니다잉~?!
둘 다
나와.

형한테 혼나볼래?
빨리 무기 내려!
얼른!
으득....
엥?

#세상억울 #뒷목그랩

비켜드려.
어른들…
지나가시게.
비야!

二十三. 내가 대장이다

웅성…
뭐야…
귀 큰 놈
인성 보소?
웅성…
웅성…
지 스승님인데
안 구해줘?
쯔쯔 실망
웅성…
X나
몸사리네…
야…
유비.
깜짝
내가…
닐 한참
잘못 봤다.
ㅋㅋㅋ
사쿠라네
사쿠라여~
파이야~
구땡!

요 기특한 넘!
아이고~ 짜식~!
아직 앤 줄 알았더니
지 식구도 챙길 줄 알어~?
장하다!
옳다, 비야. 장수는 사납고 용맹해야지.

하지만 대장은 꾹 참아야 한다.
분해도… 내 사람들을 보호하며
다음 찬스를 기다려야 해!
탕
나원참.
성난 망아지 같더니~
언제 저리 어른이 됐는고?
안녕히 가시오
부우웅―
뿌듯
^----------^

우우~
우우~
우우
인쓰~
유현덕?
배은망덕~
우우~ 유비
이 인간쓰레기야!
너 아껴주신
스승님이 잡혀가는데
보고만 서 있냐?!
그만! 닥쳐라!
이…
이럴 때가
아니다!!
죄인 노식이
끌려갔으니
새 중랑장께서
오실 거다.
곧… 여기
광종에 오신다!!

가서
관물대나
빡빡 닦어!!!
뒤지기
싫으면!!!
퍽!
형님…
가시죠…
노식…
어르신도…
안 계시니
여기
머물 이유
없는 듯…
쿵…

*〈기록〉 관우, 유비에게 말하다.
"노중랑은 잡혀가고, 다른 이가 중랑장으로 온다는데 저희가 광종에 있어 무엇합니까?"

새로 온다는 중랑장…
저들 분위기… 보아하니…
저희가 따를 만한… 덕장*도 아닌 것 같음…
…?
벅벅
아오…! 미치겠네…
둘째야… 어쩌지?
우리… 갈 데가 없어.

*덕장 : 덕을 겸비한 장수.

…!
우리끼리 황건적 계속 잡아?
안 돼… 뭐가 있어야 싸우지.
노식쌤 없으니 나라에서 식량도 무기도 안 대줄 건데…*
막내야…
걱정 마. 방법 있을 거야!
형 5분만… 아니 1분만 생각 좀…
부하들한테… 지금 당장 전달해라…
우리… 탁군**으로… 돌아갈 것…
울컥

*소속 없는 의병들은 나라의 지원을 받기가 어려웠다.

**탁군 : 유비의 고향. 유비, 관우, 장비가 떠나온 출발지. 〈기록〉 관우, 유비에게 말하다. "차라리 탁군으로 돌아가 뒷일을 도모하시지요."

삼국지톡

콱
미친???
님!!!!
왜
개소리함
???

응
안 돼!
집
절대
안 갈 거.
뇌에
디도스
공격당하신
부분???
그 개고생
해놓고ㅋ
여기서
포기하자고??
큰형
저거,
아직 벼슬도
못 땄는데??
똔…
똔…
똔…
아이씨!!!
폰질하지
마라,
사람
말하는데…
우우웅~
우우웅~

둘째형
아우야,, 쉿,,,
형님을힘들게ㅣㅎ지ㅁ마라,
너에·거ㅣ특히 미않하실것,,,

#한손으로 #문자쓰기 #오타대잔치

지금은,,,,
답없으니,,
잠깐,,쉬어가자,,,
이게,,형님,,,뜻일듯,,,,
다그락...
다그락...

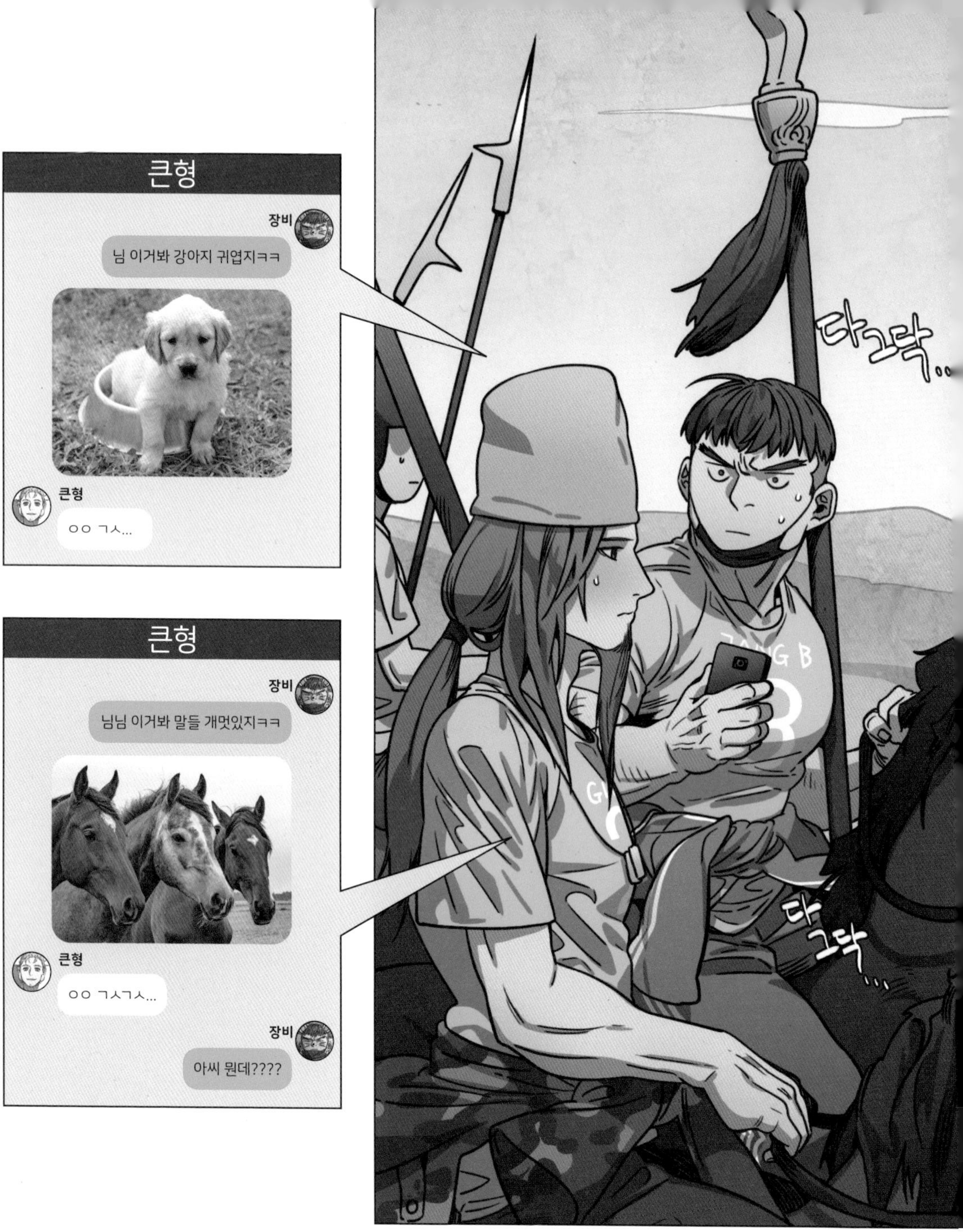
큰형
장비
님 이거봐 강아지 귀엽지ㅋㅋ
큰형
ㅇㅇ ㄱㅅ...
큰형
장비
님님 이거봐 말들 개멋있지ㅋㅋ
큰형
ㅇㅇ ㄱㅅㄱㅅ...
장비
아씨 뭔데????
다그닥...
다그닥...

장비
기운 좀 내라고1!!
노식쌤이 님 학교 다닐 때
개랑 말 엄청 좋아했었다고
하셨단 말임1!!!
큰형
아,,,ㅠㅠㅠㅠㅠ
ㅠㅠㅠㅠㅠㅠㅠㅠ....
다그닥...
다그닥...
?

둘째형
둘째형
아우야,,,
너그냥,,
조용히,,
그거는,,,
욕이다,,,,
헐!

*개와 말을 좋아하다 : "허세에 찌든 개노답"이란 뜻.
고전에 자주 나오는 표현. 개와 말은 사냥에나 쓸모가 있었기에 대단한 사치품이었다.
예시)연산군은 개와 말을 참~좋아해ㅉㅉ

응~
나레기~
망나니
사람 만들어주신
스승님 저버리고…
어린 막냇동생
전 재산도 까먹고.
이룬 것도 없이…
집에나 처가죠…?
와
와
응??

天公將軍

*천공장군天公將軍 : 황건적 대장 중 한 명인 '장각'의 별칭.

노식을 대신할
새 중랑장께서!
여기로
오시는 길이다!
화, 황건적이다!
잠깐…
저기 포위된 지프!
저분이 설마…
새 중랑장
어르신인가?!

둘째야!
막내야! 가자
구해드리러…
!!! …아차!
"형님…
새로 온다는…
중랑장…"
쿠우어어억!!
부들
"아무래도
덕장은…
아닌 듯…"
미… 미친…
부들
이, 익!
괴물이더냐?

어떡하지…?
두, 둘째 말이 맞아… 선한 사람은 아닐 거야!
노식 교수님이 잡혀가신 게 오늘인데 벌써 광종에 도착했다는 건, 진작 중랑장으로 임명될 줄 알았다는 것…
꽈악
아마 교수님을 모함한, 부패한 감찰관과 한패일 테지!
부들
부들
크으으으으으…!

다그닥
다그닥
다그닥
하지만…
그치만!
미안하다
둘째야!

사람은
살리고 봐야지!

삼국지톡

二十五. 잘못된 만남

광종.
황건적 진압군 주둔지,
노식 영채.
막내야아~
엉?
니 큰형 심심하다아~ ......
아ㅋ 오키오키.

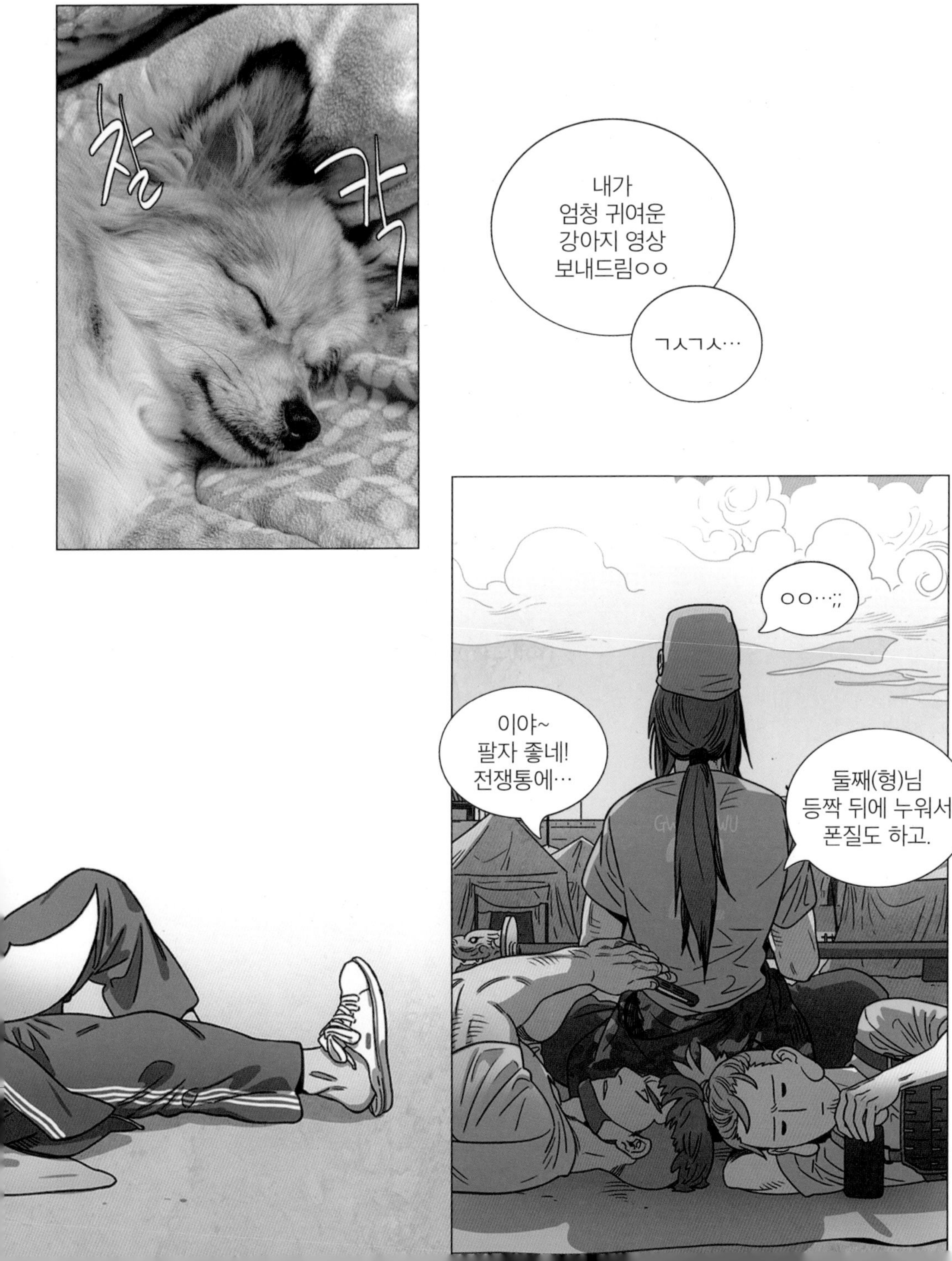
찰
칵
내가 엄청 귀여운 강아지 영상 보내드림ㅇㅇ
ㄱㅅㄱㅅ…
ㅇㅇ…;;
이야~ 팔자 좋네! 전쟁통에…
둘째(형)님 등짝 뒤에 누워서 폰질도 하고.

콰엑!
와 미쳤네.
새 중랑장이란 놈 개매너.
기껏 황건적 치워주고
목숨도 살려놨더니 ㅉㅉ
와악—

끄악—
지금 대기만
몇 시간째야?
왜 고맙다고
인사 한마디
없는 부분?
아악—
글게…
톡…
톡…
톡…
흠… 많이…
바쁘신갑지~

기다리자…
ㅇㅇ
척!
탁현
유현덕?
주, 중랑장께서
…너를
뵙자신다.

무장해제하고
따라와!
중랑장실
쿠궁
부들
부들
부들
?
으아악!!
장군…!
잘못했습니다!
싹 싹
제… 제발
살려주십쇼!!!

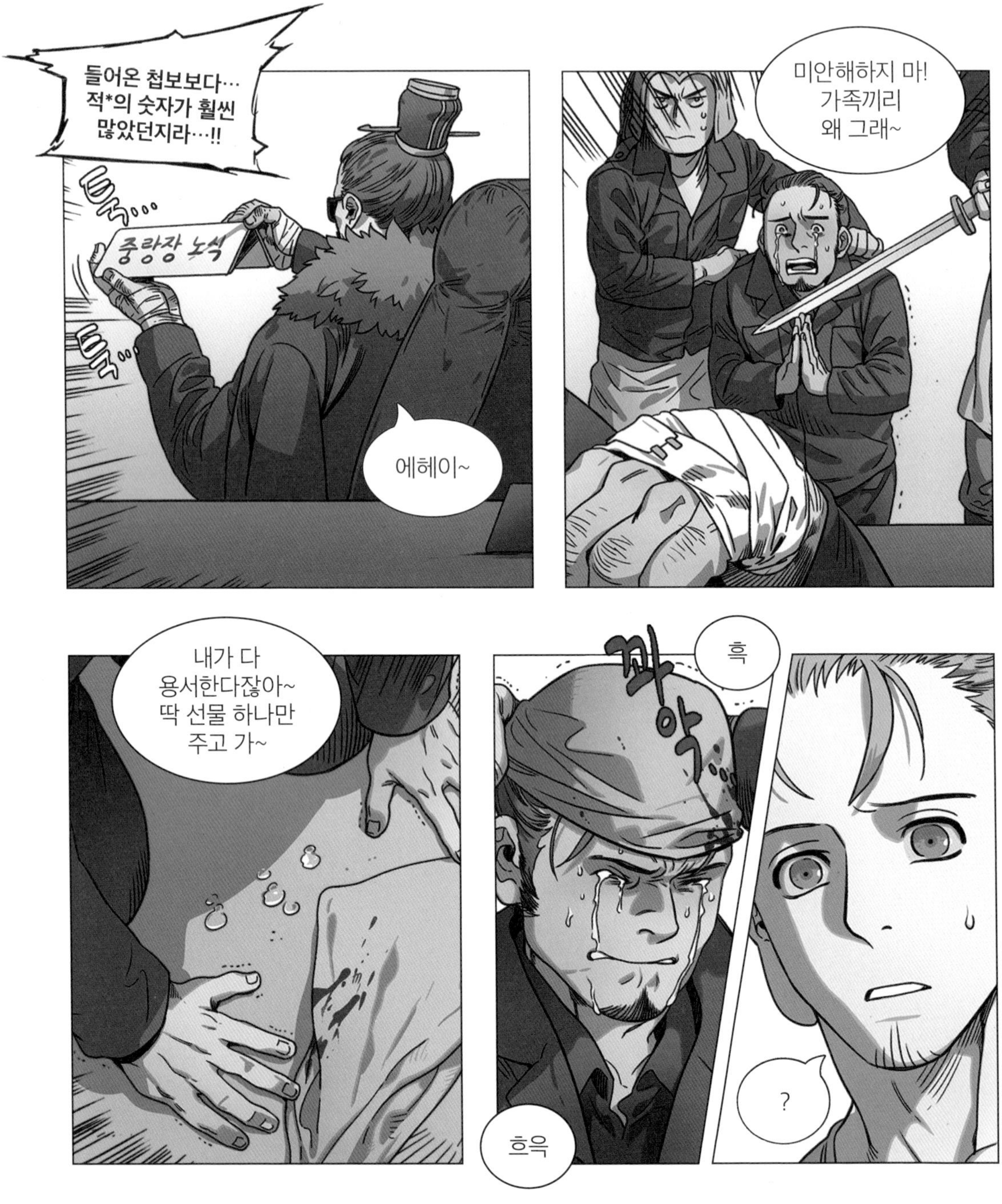
들어온 첩보보다… 적*의 숫자가 훨씬 많았던지라…!!
툭…
중랑장 노식
툭…
에헤이~
미안해하지 마! 가족끼리 왜 그래~
내가 다 용서한다잖아~ 딱 선물 하나만 주고 가~
흑
꽈악
흐윽
?

*적 : 황건적 잔당.

커억…

귀~한~
황건적
모가지다~
잘 챙겨놔라~!
황제폐하
갖다드려~
JANG B
GWAN YU
히죽
흥! 늑대는
떼를 지어
다니기에
강한 법!
정 많은 나도~
무리에 피해를
끼친 놈만큼은
용서 못 하쥐~
…

어어~
우리
유현덕이~?
왔어?
일루 와봐~
GWAN WU
까딱
까딱
승진을 축하합니다
환관 곽풍
중랑장 동탁
크하하학!
내 함
안아보자~

광종, 동탁 영채 집무실.
X끼 귀 막혔어?
주… 중랑장께서 부르시…!
콱
GWAN WU
꾸엑!

?!
어엉?!
끄으응~···!!!

야~
유현덕이!!
니 지금
장난해??
이쁘다~
해줬더니
뵈는 게
없어~?!
!!!!!!
와 미친
배에
구멍나고도
그렇게
버텼던 거??
X끼
괴물이네…!!
철썩!

유현덕이~!
니 갈 데 없지?
내 밑으로
들어오든가~
썩 꺼져!
!!!
그래, 우리 유현덕이~
꼴에 송곳니가 있더구먼~?
그러나
정신머리가
썩었어~
명예?
정?
피도
눈물도 없어야
늑대지~

*〈연의〉 동탁, 벼슬 없는 유비를 깔보다.

엉? 크하학!
오옳지~ 잘 생각해쓰!
약한 놈은 먹히고,
강한 놈은 살찌는 게 이치!
세상 모든 인간이
이 동탁의 먹잇감!
董
유현덕이~
내 밑에서
자알 보고 배워!
스
董
온갖 부귀영화를
누리게 해줄 테니까는~

둘째야, 막내야!
집에 가자.
시간 낭비하지
말고!
이이익!!!
저저
하찮은
새끼…!!!

ㅁㅊ 왜
그냥 감??
놔봐봐!
쟤 X나
쎄해!!!

3초만 기다려
저 X끼 오겹살!
순식간에
컷해보뷥!

#매너모드 #인성보호 #예쁜말고운말

찰칵!
응
은 드~^^
그믄흐~^^
응 안돼~^^ 그만해~^^

아일바몽 [구직정보]
[탁군] 알바 구해요
그래, 돌아가자.
치킨 튀기며 알바로
먹고살더라도…
이름 : 유 비(23세)
지원분야 : 뭐든지 좋습니다 치킨 잘튀김
경력사항
직위 : 없음 / 짚신, 돗자리 민
직위 : 유장군 / 황건적
잡기 : 대흥산, 청주성 외 다수 승리
경력 더보기
연락하기

*〈연의〉 장비, 동탁의 수하가 되느니 떠나겠다며 질색하다.

사람답게 살자,
우리!
에구~ 불경기라
걱정이다~ㅠㅠ
알바 빨리 구해졌음
좋겠네~ㅠㅠ
어엇?!
광종 → 탁군
우우웅~
알 수 없음
유현덕. 맞나
유현덕
헐 네 저 유.비.입니다!
치킨집 사장님이세요ㅠㅠ???
동쪽의 호랑이
손견(28세)
…?
뭔 개소리야?

二十七. 미친 호랑이, 손견

뭔데 얘
누군데?
몰라
처음 봄.

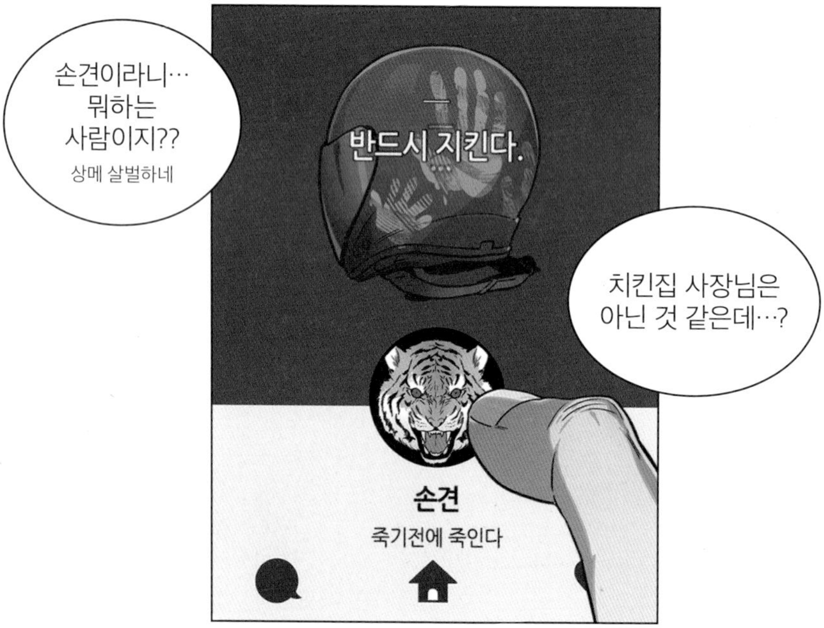

손견이라니…
뭐하는
사람이지??
상메 살벌하네
반드시 지킨다.
치킨집 사장님은
아닌 것 같은데…?
손견
죽기전에 죽인다

허억?!
알 수 없음
유비
저...손선생님
저한테 무슨 볼일이신지??
손견
난 그쪽.관심없고.
손견님께서 주준님을 초대하셨소!
주준
캬대단해~~;;;
역시 손장군이~~따봉~~;;;
우리 유현덕이를~
순식간에 찾아버리네~^^;;;
유비
??? 누구신지...?
주준
나?
우중랑장 주준~^^;;;
요~기 새침한 총각은~
내 오른팔~손견이~^^;;;;;

*〈연의〉 우중랑장 주준, 손견과 함께 황건적 토벌하다.

주준
겁먹지 말게~사실 내가 자네 선생이랑 친하거등~?
노식 그친구말여~~~^^
근데 유현덕이 자네얘길 하드라고~??
용감한 제자가 하나 있다고~~~^^
나 지금 완성에 황건적 잡으러 왔는디~어떤감??
자네 시간 있으면 와서 같이 때려잡으실랑가~~???
와
와
와
완성

!!!

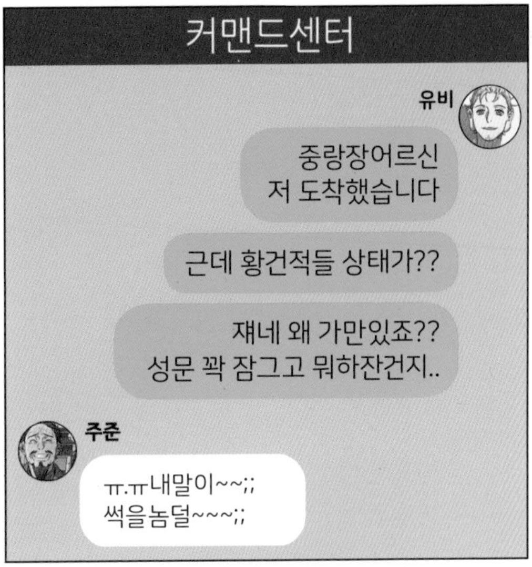
커맨드센터
유비
중랑장어르신
저 도착했습니다
근데 황건적들 상태가??
쟤네 왜 가만있죠??
성문 꽉 잠그고 뭐하잔건지..
주준
ㅠ.ㅠ내말이~~;;
썩을놈덜~~~;;

완 성
성안으로 포르르 도망치더니만~
대문 꼭 잠그고는 나오지를 않어~~;;;
흐미~약올라~;;;;
헐....
흠 그럼 어쩔까요ㅠㅠ

*〈연의〉 황건적 잔당들, 완성宛城을 장악하고는 문을 걸어 잠그다.

성벽 미칠듯이 높아서
기어오를수도 없고..
ㅠㅠ 그럼요 어르신
저일단 아우들이랑
성문 지키고 있겠습니다
?!!
그나저나 손견 장군님은
대체 어디 가신거,,,
어, 어잉?
저 귀 큰 놈
머야?
표정
왜 저래?!!
황건적 우두머리
조홍

현타 온 듯?
뭐 할 수 있는 게
없으니깐요ㅋㅋ
ㅋㅋㅋ긍가?
그럼 찰지게
어그로나
끌어보까??
귀 큰 놈아, 꼬치로
만들어주마!
아빠!
힘내세요~♬
흠칫!

우리가~
이짜나요~♬
텁
아~
젠장ㅋㅋㅋ
펄럭

휘오오오
비행기모드
깜빡했네.

*〈기록〉 손견, 높은 성벽을 맨손으로 기어오르다.

우어! 어!
…어억??!!!
충성~?

삼국지톡

二十八. 죽어도 안 죽어

부우우웅
콰콰콰
부우우우웅
뚜르르르
♥책이아빠♥
0*0 - 71**-3*0*
연결중...
뚜르르르-
뚝.
♥책이아빠♥
0*0 - 71**-3*0*
연결시간 초과
통화를 종료합니다.

부우우우웅—
뭐야.
왜 안 받는데?
동쪽의 호랑이
손견의 아내
오국태*
♪아기광어~
뚜루루뚜루~♪
책! 권!
너희 아빠 왜
조용하다니??
이런 적이 없었는데?
손견의 장남
어린 손책(9세)
손견의 차남
어린 손권(2세)
야 손견…
너 황건적 잡다
뒤졌기만 해봐?!
팍
내가
저승까지 쫓아가서
죽여버릴 거야!!!

*〈정사〉 사실 국태國太는 원래 이름이 아니라 "대비마마" 같은 존칭.
본명 불명.

휙
척
황건적 토벌대장,
주준의 부관,
오국태의 남편,
애아빠 손견

팍
이런
미, 미친놈!!
야 죽여!!
텁
휘릭

으아악!
씨…
저게 인간이냐??
괴물 새끼…
야 그만 찍고 튀어!
…후욱!
끄아아아악!
오지 마아아아!!!
이 손견!
단 한 놈도 놓치지 않겠다.

*〈연의〉 손견, 성벽에서 뛰어내리다. 황건적 우두머리 조홍의 창을 빼앗아 찌르다.

…사랑하는, 내 가족들을 위하여!

책이엄마
책이아빠♥손견
ㅋㅋ
책이아빠♥손견
애들.잔다
책이엄마♥오국태
ㅋㅋㅋ벌써?
책이아빠♥손견
혼났음
아빠. 가지말라고.
두마리가. 내다리 한쪽씩
잡고. 하루종일 통곡
책이엄마♥오국태
ㅉㅉ그랬겠지
애들 아빠 너무 좋아해

책이아빠♥손견
ㅠㅠ.
책이엄마♥오국태
내일 출발이지?
황건적한테 안죽을 자신 있습니까
책이아빠♥손견
옙
책이엄마♥오국태
어허 글자수 적습니다
책이아빠♥손견
ㅇㅇ ㅔㅔ ㅂㅂㅂ!!!!!!!!!!!!
!!
!!
!!

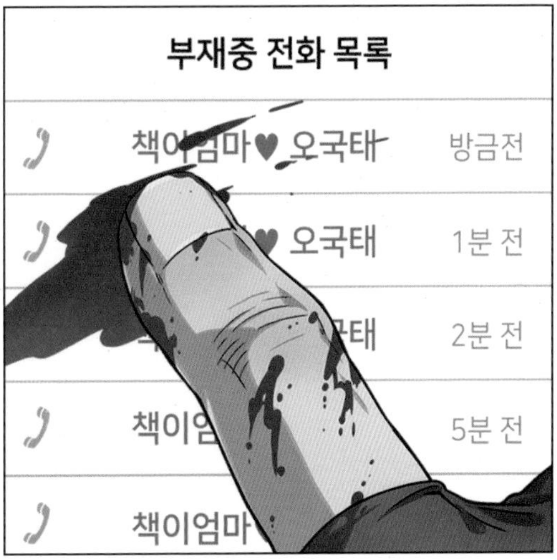

부재중 전화 목록
책이엄마♥ 오국태 방금전
♥ 오국태 1분 전
2분 전
5분 전

*〈연의〉 손견 가문, 시골 젊은이 1,500명을 모아 황건적 토벌군 일으키다.

이번에
황건적 때려잡고.
공 제대로 세우면
헉
헉
우리 가족.
명문가 되는 거야.
애들.
아무한테도 안 꿀리고
살 수 있다!
걱정 마라
국태야…
책이엄마♥오국태
0*0 - 2*20-*28
연결중...
너랑 애들 두고,
나 죽어도 안 죽어!

짜드득…
크크큭!!
죽어라! 손견…
!!
?
와
와
와
와

二十九. 불길은 잡았는데

뭐야? 왜 이리 시끄러??
와
와
?!!!
와 와
의병놈들 튀었다! 우리가 이겼닭ㅋㅋ 황건적 포에바!!
헐ㅋㅋ 진짜?
와 와 와 와 와 와

국태야,
나 잠시만?!
책이엄마
0*0 - 2*20-*280
00:06
? ㅇㅇ
통화종료
뚜르르르…
듣보 현덕
연결중…
이봐, 귀 큰 놈! 너 뭐야?
황건적들 다 튀잖나!
듣보 현덕
성문 안 지키고
어디 빠져 있어…
제가 일부러
놓아준 겁니다ㅠㅠ

커맨드센터
듣보현덕
황건적 지금 독안에 든 쥡니다.
쥐도 궁지에 몰리면 물어요...
X나 아프게 물어요...ㅠㅠ
황건적들 가둬둔 채 섬멸전 벌였으면 반격 장난 아니었을 거고,
우린 머릿수 딸려서… 솔직히 다 죽었을 것…ㅠㅠ

자비를 베푸시죠. 사람 막 죽이면 안 됨…ㅠㅠ

*〈연의〉 유비, "도적을 엄벌하는 건 마땅하나 궁지에 몰리면 필사적으로 싸울 것"이라며 자비를 베풀자고 하다.

대, 대장!
같이 가요…
비켜어어!
X 꺼져!!!
길막 극혐!!
황건적
우두머리
손중
차악
……
크크큭!
난 살 테다!
네놈들은
날 위해
미끼나 되어라…
……???!!!!

*〈연의〉 황건적 우두머리 손중, 싸울 마음 없어 기회만 엿보다 도망치다.

크… 커헉!!!!

*〈연의〉 유비, 도망치는 손중을 활로 쏘아 죽이다.

우와아ㅏㅏ아앙!
떠헑!!
끄어어…!
우리가 이겼다!!!
속보입니다.
성벽 안에서 농성하던
황건적 잔당이 진압됐습니다.
[속보] 황건적 토벌군, 완성전투 이겨…"기적같은 승리"

*〈연의〉 완성에 숨은 황건적 소탕하다. '황건적의 난' 불길 잡히다.

[스타포토] 황건적의 난, 드디어 종결!
십상시 어르신들, 장수들에게 훈장 수여 "참 잘했어요~"
후한일보
우두머리를 잃은 황건적들,
속속 항복하고 있으며…
황제폐하와 십상시 어르신들은
용감하게 싸운 영웅들을 칭찬하시며,
벼슬과 상을 아낌없이 내리셨습니다.
[스타포토] 황건적의 난, 드디어 종결!
꺄악!!
사랑해요!
프린스 원소!
프린스 원소, 황건적 무찌른 공으로 벼슬받아
"당연한 일을 했을뿐(웃음)" 후한일보

드디어 온 나라에
찾아온 평화에
부우우웅
낙양-연주 고속국도

[스타포토] 황건적의 난, 드디어 종결!
기도위 조조, 훈장 수여식 불참..."그럴시간 없어"
발령지 제남국으로 가버려..태도논란 후한일보

덜컹
백성들은
모두 기뻐
만세를 부르고
있습니다…

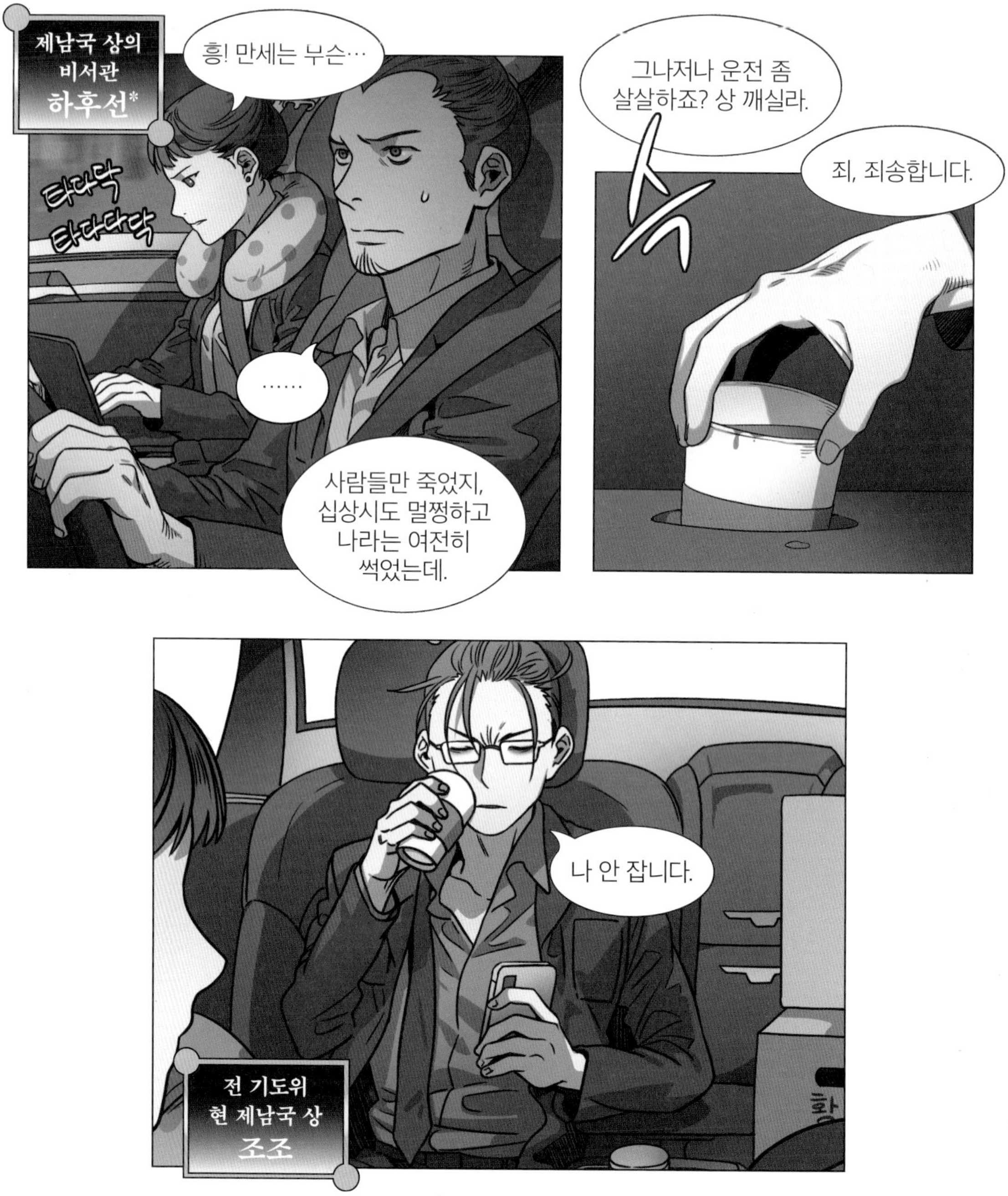
제남국 상의
비서관
하후선*
흥! 만세는 무슨…
타다닥
타다다닥
……
사람들만 죽었지, 십상시도 멀쩡하고 나라는 여전히 썩었는데.
그나저나 운전 좀 살살하죠? 상 깨실라.
슥
죄, 죄송합니다.
나 안 잡니다.
전 기도위
현 제남국 상
조조

*하후선 : 『삼국지톡』 오리지널 캐릭터. 역사책에 안 나옴.

출발 낙양 → 도착 제남
S52
S335
얼마나 남았는지?
곧 제남국 톨게이틉니다.
S335
도착예상시간 1분 (계산중...)
꺼져라조조
000-0000-0000
제남국오지마라오면후회하게만들것이다니가무엇인대감히우리제남국을다슬이는가꺼져라조조죽일꺼다
참 어, 어르신! 한번 더 승진 축하드립니다. 젊으신데 벌써 상이라니 대단하십니다!
…음. 고맙습니다. 나도 기대되는군.
도착도 하기 전부터…
이런 격한 환영 문자라니?
끼이익

三十. 지옥과 천국

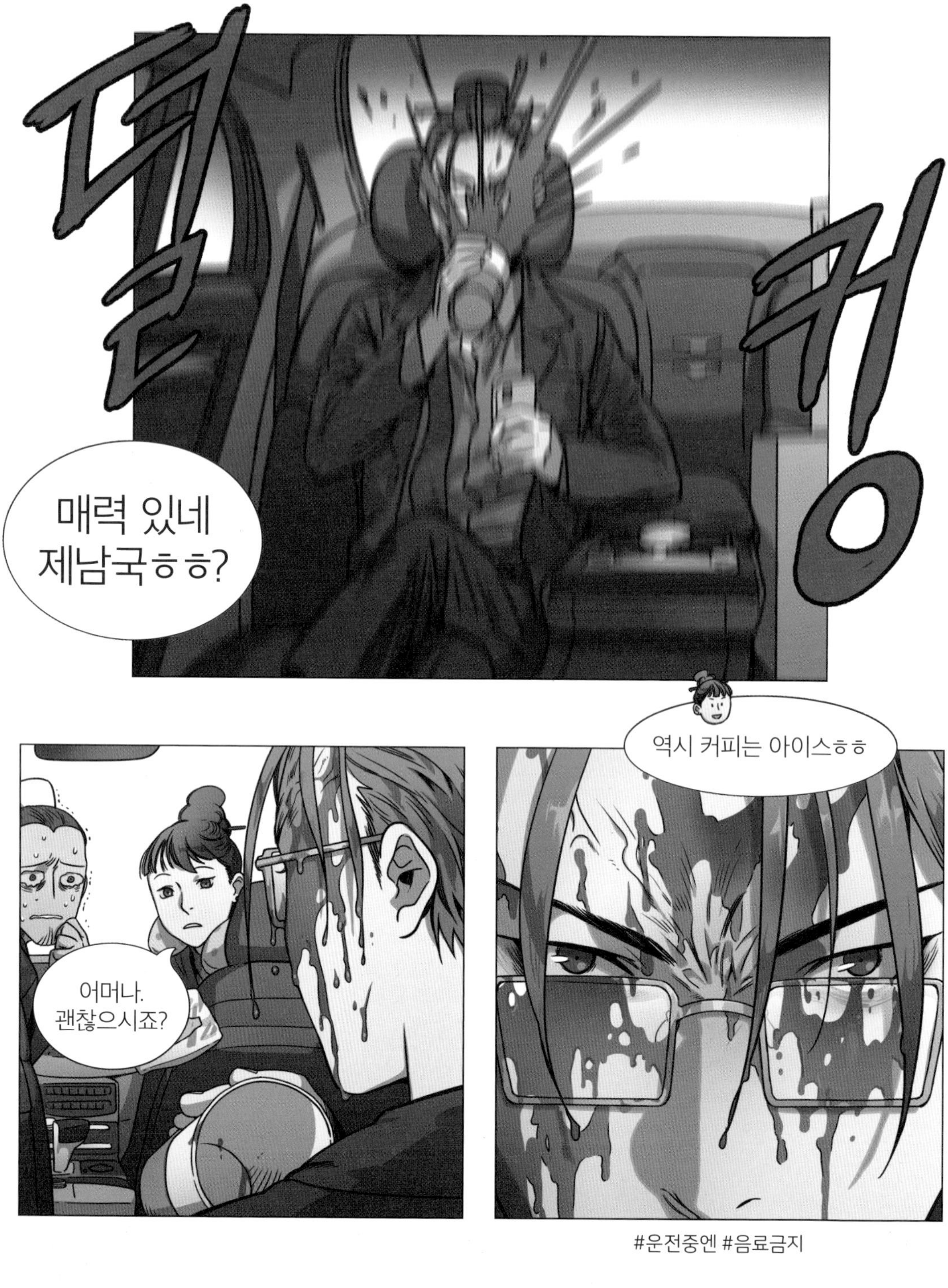
덜컹
매력 있네 제남국ㅎㅎ?
어머나. 괜찮으시죠?
역시 커피는 아이스ㅎㅎ

#운전중엔 #음료금지

어서오세요
제남국
조맹덕 제남상 환영합니다
하
으아…ㅠ
펑크네요.
완전히
주저앉음
잘각!
와 제남국
개노답이네?
도로 완전 엉망이고…
여기 엄청 가난한
동넨가봐요ㅠㅠ
톡. 톡.
…그럴 리가?
질문하기
지역 제남국
연관검색어 제남국 제사 사당 제남국세금
세금이너무많아요 세금줄이는법 살려주세요
Q 제남국 백성인데요 도와주세요
10 비공개
답변 1
세금않내면 죽인데요..
한푼씩만...
제남뱅크 184-18-900
제남국 세금은 살인적이다.

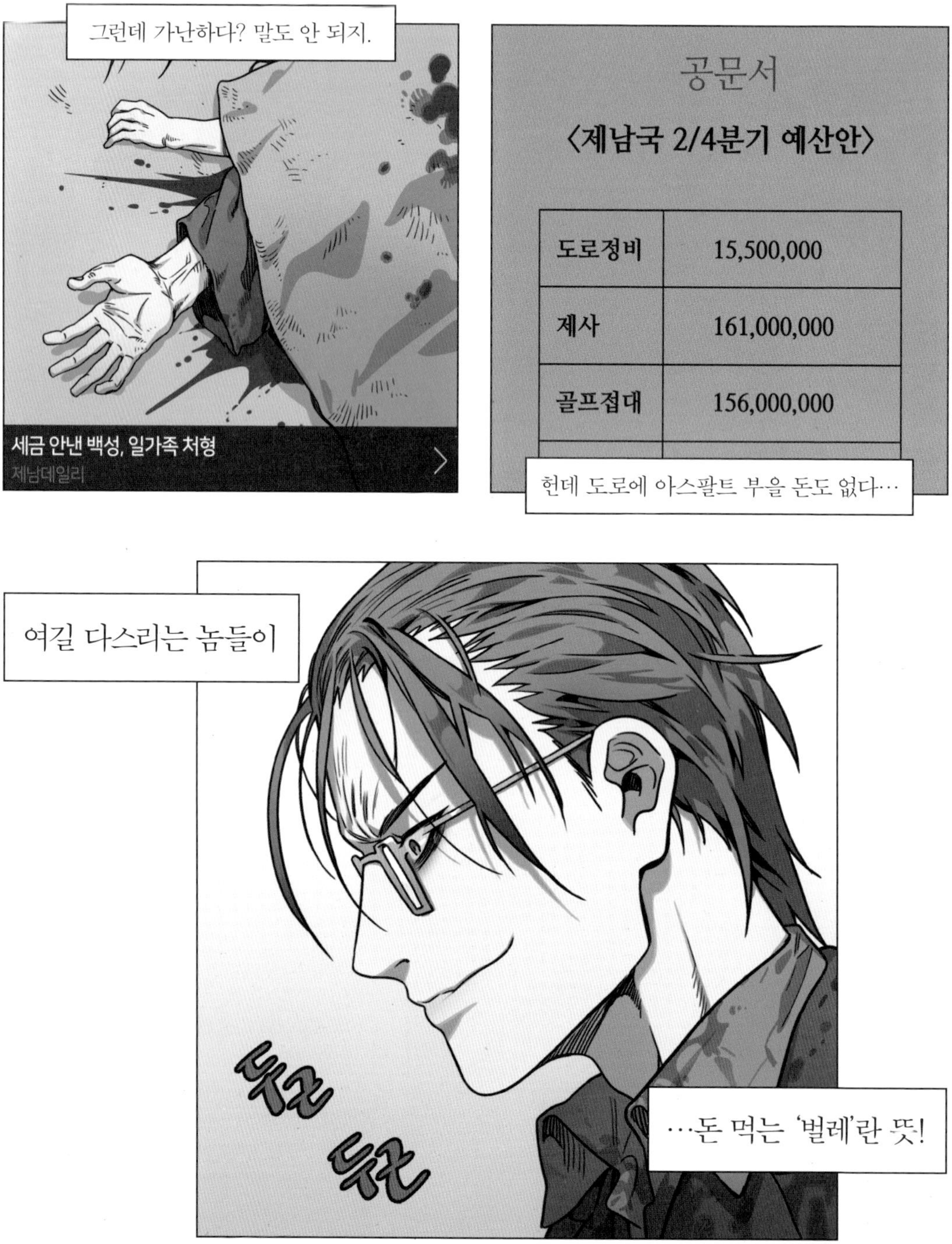
그런데 가난하다? 말도 안 되지.
세금 안낸 백성, 일가족 처형
제남데일리
공문서
〈제남국 2/4분기 예산안〉
도로정비 15,500,000
제사 161,000,000
골프접대 156,000,000
헌데 도로에 아스팔트 부을 돈도 없다…
여길 다스리는 놈들이
두근
두근
…돈 먹는 '벌레'란 뜻!

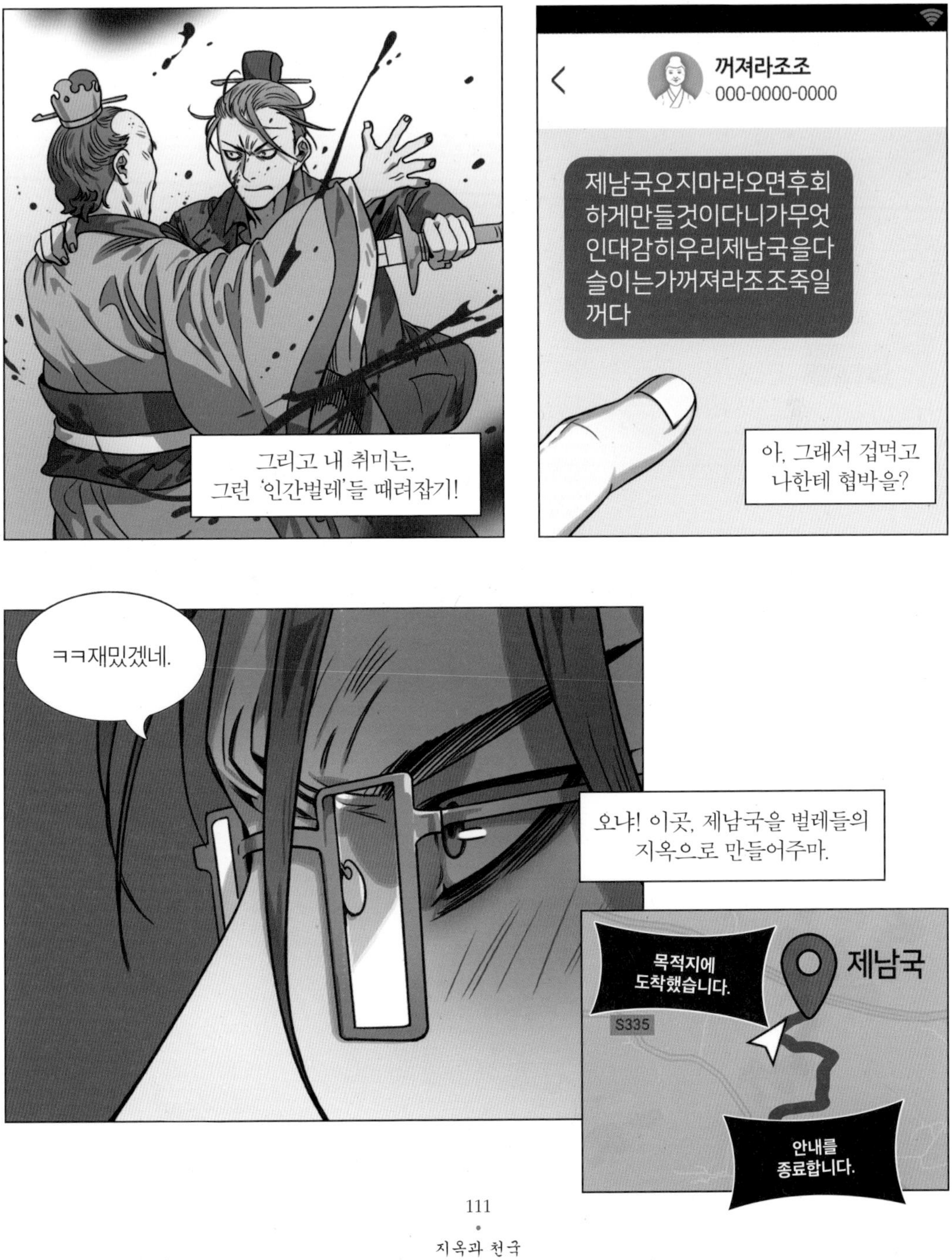
그리고 내 취미는,
그런 '인간벌레'들 때려잡기!
꺼져라조조
000-0000-0000
제남국오지마라오면후회하게만들것이다니가무엇인대감히우리제남국을다슬이는가꺼져라조조죽일꺼다
아, 그래서 겁먹고 나한테 협박을?
ㅋㅋ재밌겠네.
오냐! 이곳, 제남국을 벌레들의 지옥으로 만들어주마.
목적지에 도착했습니다.
제남국
S335
안내를 종료합니다.

짐승 소굴 낙양은 돌아보지도 않으리!
낙양
찰칵!
顔 안면장부
장비
10분 전 모바일로 작성, 낙양에서
ㅋㅋ형들이랑 낙양왔다ㅎ 놀러
낙양
둘째형
나
큰형
I NY
NAK YANG
소소님 외 36명이 좋아하오!
댓글28개

낙대입구
Nak Yang Univ.
욜 낙양 욜~!
I NY
NAK YANG
존잼인데?!
노선도도 신기방기.
탁현엔 노선 하나뿐인데
ㅋㅋㅋ
충성로
시청
낙양로 입구
낙양로 3가
영동
회원
아무로
낙양역
서양대
현덕
양대입구
낙산구청
합성
중수
왕창
신남
마쓰리
현덕 공원앞
나명
버뮤다 삼각지
신낙산
당찬
낙양 의사당
낙산
삼촌
여기바루
양등포구청
여기도
냇강
모래
양등포시장
구길
신두림
구만
양등포
왕방
낙양진
푸들
합석
ㅇㅇ
너희 덕에
낙양을 다
와보네~

*〈연의〉 유비, 주준을 따라 후한 수도 낙양에 도착하다.

엇! 까똑 왔다!

커맨드센터

주준 어르신

우리 유현덕이~
낙양구경 잘하고 있나~?

나 이제 황궁 들어가요~~;;
황제폐하 만나뵐것~;;;

커맨드센터

주준 어르신

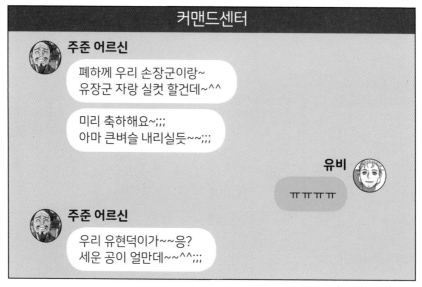

폐하께 우리 손장군이랑~
유장군 자랑 실컷 할건데~^^

미리 축하해요~;;;
아마 큰벼슬 내리실듯~~;;;

유비

ㅠㅠㅠㅠ

주준 어르신

우리 유현덕이가~~응?
세운 공이 얼만데~~^^;;;

*〈연의〉 중랑장 주준, 자신과 손견, 유비가 세운 공을 황실에 아뢰다.

주준 어르신
벼슬은 첨이지~~~?;;;
좋겠네~~~;;;
백성들 행복하게 해줘용~~^^b;;;;
ㅋㅇㅇㅇㅇㅇㅇㅇㅇㅇㅇㅇㅇ
헐…
내 '백성'들?
ㅇㅇㅇㅇㅇㅇㅇㅇㅇㅇㅇㅇㅇ

네, 제 꿈은… 백성들을 위해 목숨 바치는 겁니다.
엄마! 드디어… 내 오랜 꿈이 이루어지려나봐요!
낙양 황궁, 십상시 처소
흥!
십상시 No.1 장양

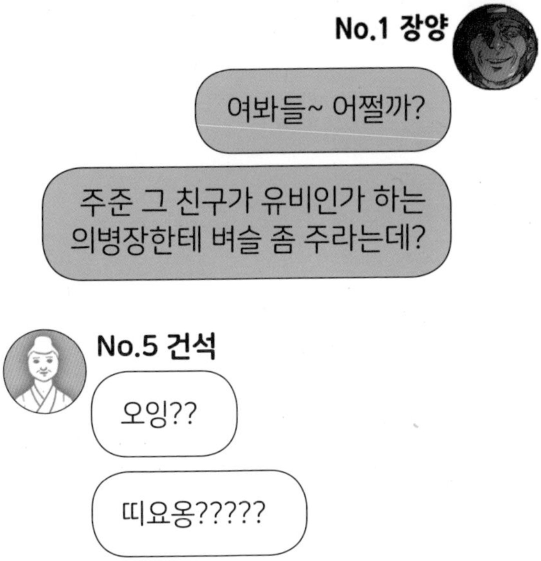
No.1 장양
여봐들~ 어쩔까?
주준 그 친구가 유비인가 하는 의병장한테 벼슬 좀 주라는데?
No.5 건석
오잉??
띠요옹?????

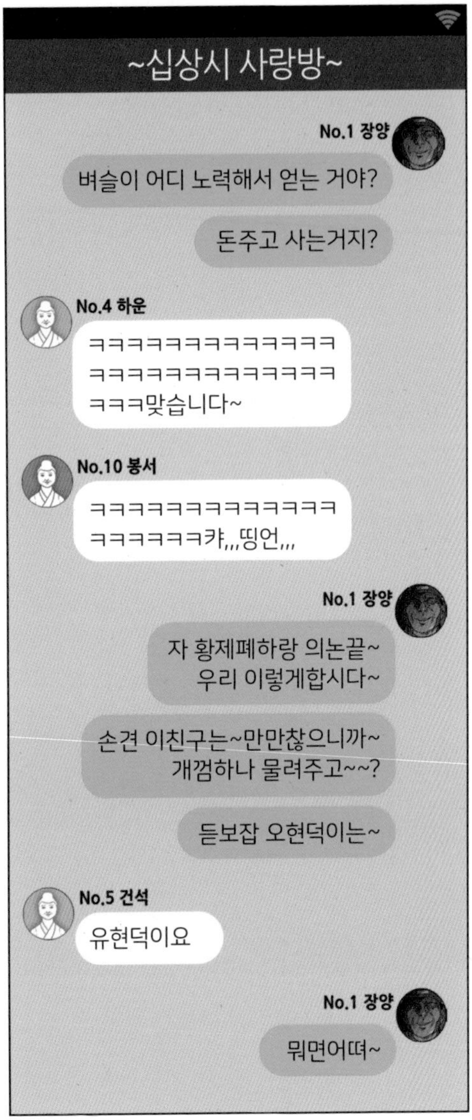
~십상시 사랑방~
No.1 장양
벼슬이 어디 노력해서 얻는 거야?
돈주고 사는거지?
No.4 하운
ㅋㅋㅋㅋㅋㅋㅋㅋㅋㅋㅋㅋㅋㅋ
ㅋㅋㅋㅋㅋㅋㅋㅋㅋㅋㅋㅋㅋㅋㅋ
ㅋㅋㅋ맞습니다~
No.10 봉서
ㅋㅋㅋㅋㅋㅋㅋㅋㅋㅋㅋㅋㅋㅋ
ㅋㅋㅋㅋㅋㅋㅋ캬,,,띵언,,,
No.1 장양
자 황제폐하랑 의논끝~
우리 이렇게합시다~
손견 이친구는~만만찮으니까~
개껌하나 물려주고~~?
듣보잡 오현덕이는~
No.5 건석
유현덕이요
No.1 장양
뭐면어떠~

*〈연의, 정사〉 황제 영제와 십상시, 벼슬을 돈 받고 팔다.
*〈연의〉 손견, 연줄이 있어 별군사마 벼슬 제수받다. 황실에 뇌물도 좀 바쳤다고.

강 벼슬 주지 말자고~
시골뜨기가 주제를
알아야지?
십상시 우두머리
부패한 환관
비선실세 No.1
장양
으으음…!
이런… 쳐죽일
십상시 놈들!

三十一. 잘할 수 있는데

형님… 저는… 이해가 안 됨…
어찌 여기서… 쉴 수 있는지… 너무 소란스러운데…
어허, 둘째야.
군자의 마음은 언제 어디서든 고요한 법.

낙양 시내, 모 PC방
호로록,,
잠깐
시간만
때우자!!!
타다닥
타다다닥

#3시간 뒤

#18시간 뒤

*〈연의〉 유비 삼형제, 황실 연락 기다리며 낙양 시내에 머물다.

탕탕탕
으악—
쾅!!!
★유비야-_-취업하자★ : ㅏㅏ ㅏㅏㅏㅏㅏㅏㅏㅏㅏㅏㅏㅏㅏ ㅏㅏㅏㅏㅏㅏㅏㅏㅏㅏㅏㅏㅏ ㅏㅏㅏㅏㅏㅓㄴ노ㅗㅗㅗㅗㅗ ㅗㅗㅗㅗㅗㄴㄴㄴㄴㅇㄹ놓어 ㅓㅏㅏㅏㅏ
칭호 : ★유비야-_-취업하자★
Lv : 70
정복꾼Lv : 7161
PLAY
#54시간 뒤

미치겠네… 언제까지 기다려야 됨?
주준 어르신… 금방 연락 주신다면서요ㅠㅠ

엇! 와, 왔다!
……어?

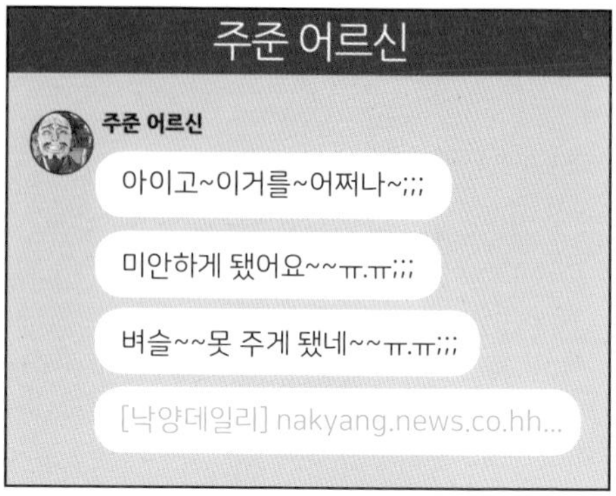
주준 어르신
주준 어르신
아이고~이거를~어쩌나~;;;
미안하게 됐어요~~ㅠ.ㅠ;;;
벼슬~~못 주게 됐네~~ㅠ.ㅠ;;;
[낙양데일리] nakyang.news.co.hh...

이욜ㅋㅋㅋ
님들 봐봐!
우리 완전 스타네?

빠르고 정확한 팩트 뉴스
낙양데일리
[사회] 황건적 무찌르고도 "흙수저는 꺼져"?
석션봉화
십상시, "자격없어 안준것뿐…떼쓰면 곤란해(웃음)"
※본 자료화면은 기사와 관련이 없습니다.
- 명문가 출신 원모씨, 조모씨 등은 황건적 무찌른 공으로 벼슬 잘만 받았는데...
- 취재결과 흙수저 의병장 유모씨 "목숨바쳐 싸웠는데...9급 벼슬조차 못받아"
댓글 개많이 달렸다ㅋㅋ 내가 베스트 댓글들 읽어드림!
와 유모씨 관모씨 장모씨 불쌍하다…
황건적 잡느라 개고생하고 벼슬은 못 받은 거야??
다 십상시 탓이래요ㅉㅉ 아무리 고생해도 뇌물 바쳐야 벼슬 준다 캄…
쯧쯧 유모씨 이번 생엔 틀렸네. 벼슬하고 싶으면 죽어서 부잣집에서 다시 태어나길…
아, 아우야! 그만!

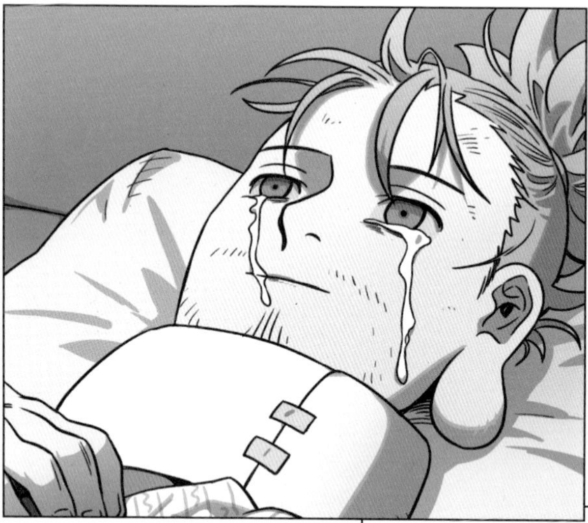

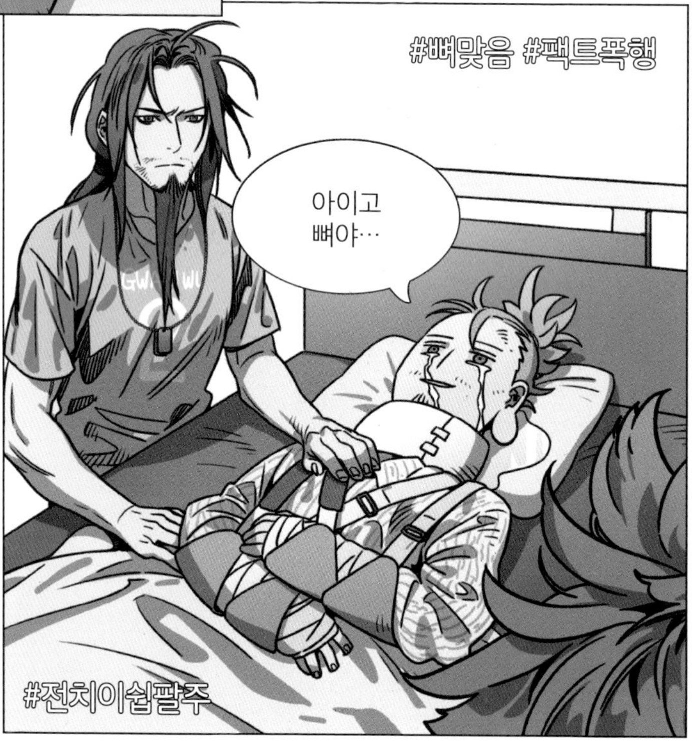
#뼈맞음 #팩트폭행
아이고
뼈야…
#전치이십팔주

흑흑.
미안하다
내가 못나서…
너희 고생만 시키고,
벼슬 하나
못 구해주고…
칭호 : ★유비야-_-취업하자★
Lv : 70
정복꾼Lv : 7161
진짜…
미안… ㅠㅠ
한편, 황궁
이런
썩을?!
십상시 No.1
장양

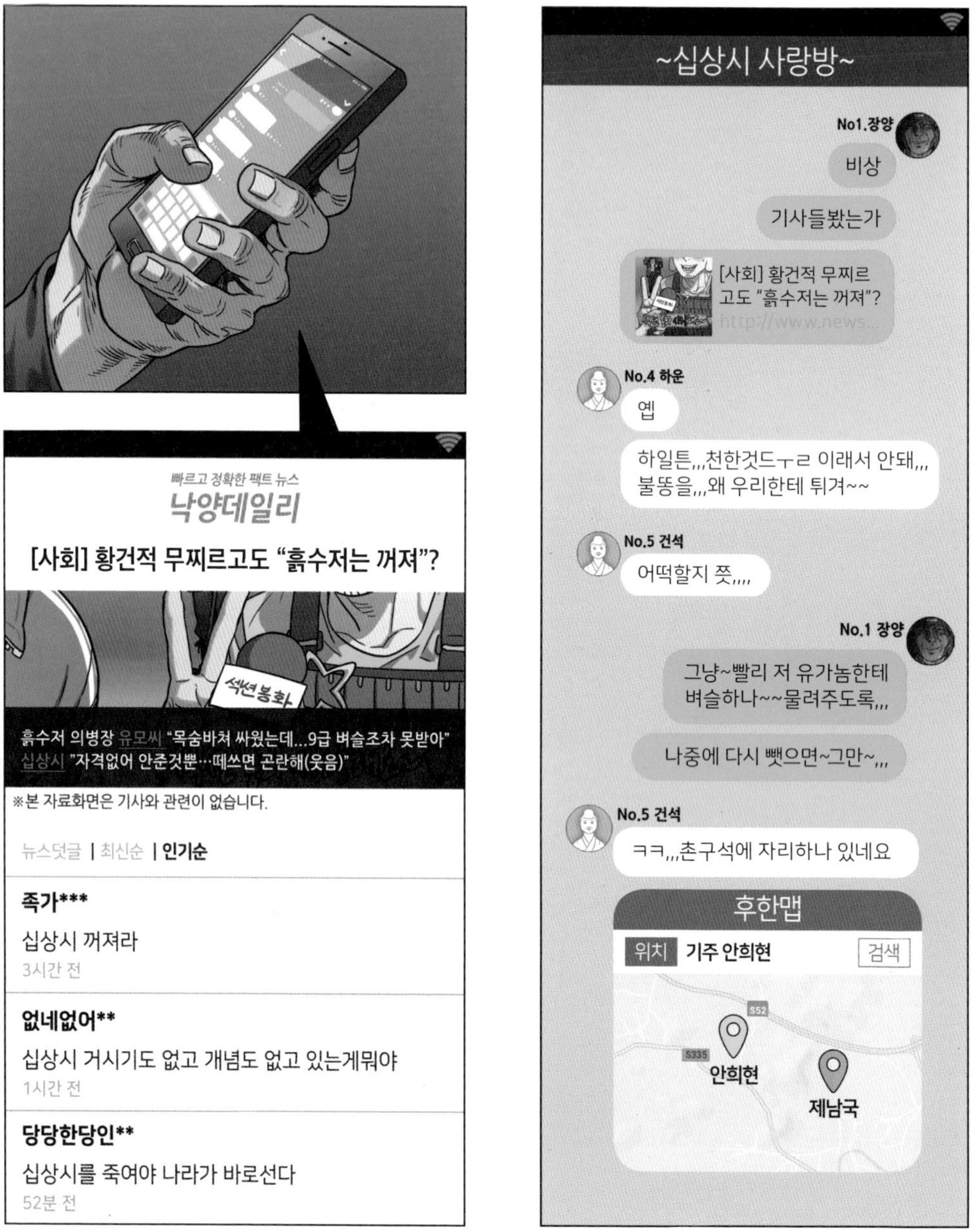
빠르고 정확한 팩트 뉴스
낙양데일리
[사회] 황건적 무찌르고도 "흙수저는 꺼져"?
석년봉화
흙수저 의병장 유모씨 "목숨바쳐 싸웠는데...9급 벼슬조차 못받아"
십상시 "자격없어 안준것뿐…떼쓰면 곤란해(웃음)"
※본 자료화면은 기사와 관련이 없습니다.
뉴스덧글 | 최신순 | 인기순
족가***
십상시 꺼져라
3시간 전
없네없어**
십상시 거시기도 없고 개념도 없고 있는게뭐야
1시간 전
당당한당인**
십상시를 죽여야 나라가 바로선다
52분 전
~십상시 사랑방~
No1.장양
비상
기사들봤는가
[사회] 황건적 무찌르고도 "흙수저는 꺼져"? http://www.news...
No.4 하운
옙
하일튼,,,천한것드ㅜㄹ 이래서 안돼,,, 불똥을,,,왜 우리한테 튀겨~~
No.5 건석
어떡할지 쯧,,,,
No.1 장양
그냥~빨리 저 유가놈한테 벼슬하나~~물려주도록,,,
나중에 다시 뺏으면~그만~,,,
No.5 건석
ㅋㅋ,,,촌구석에 자리하나 있네요
후한맵
위치 기주 안희현 검색
S52
S335
안희현
제남국

三十二. 우리 유비 출세했네

No.5 건석
글로 보내버리겠슴다~ㅋㅋ,,,,
No.1 장양
ㅋㅋㅇㅋ~~
기주 시골, 안희현
흠…!
으음…?

씨! 그냥
하던 대로 해!!
몇 시간째임?
공무원이
자꾸
지각할 거?!
공무원증
유 비
어어억!!!
푸쉬-!
이 안희현
덜컹
덜컹
아유~
고마워요~
우리 총각 덕에
앉아 가네~

*현위 : 동네 치안 지키는 낮은 벼슬. 읍내 경찰서 서장급.

둘째야, 막내야
미안하다…
나 땜에 아침도
못 먹고 나왔네
ㅠㅠ
응 포기해~
마을버스
한 시간에 한 대~
시시시골맛
ㅋㅋㅋㅋㅋ
밀감 하나
줄까~?
아이구~
아뇨아뇨.
보오오오옹…

그래서?
오늘 우리 임무
뭐임?
어! 긴장해라.
딱… 천 개만
따자!

올~ 뭘?
도적놈들 머리?

#정답 #고추따기 #태양초고추

아 ×나 싫어!!!
뭐야 이게. 맨날 뭐 따달라, 막걸리 사와라.
이러려고 목숨 걸고 황건적 잡았냐고오~!
야… 뭐든 열심히 해야지…
사실 나도 불안하다. 상상했던 거랑… 많이 달라.

*고추는 기계 수확이 어려워 일일이 손으로 따야 한다고. 할머니 할아버지 허리 작살내는 일등공신. 농촌 빌런.

우리가… 너희가,
여기서 날개를 펼칠 수 있을까…?

안희현 파출소 서순경님
0*0 - 1*92-*382
예~
서순경님?
즈희 열심히
따그 있습느드~
어… 어르신!
큰일났어요…
안희현 파출소 서순경님
0*0 - 1*92-*382
파… 파출소로
빨리 좀
와주세요…
통화종료
퍼억-
아… 아니다!
절대 오시면
안 돼요!!!

三十三. 그럴 돈 없거든

웬 미친놈이
유현덕 어딨냐고…
!!!
아악!!!

탁
탁
탁
파출소
괜찮아요?
서순경님!
어어…
유현덕이?
드디어 납셨네?
오지 마시라니까…

어… 이
쓰레기.
니 죄를
니가 알렸다?
어, 막 백성들
폭행하고…?
여튼…
그랬다며?
감찰관
독우
현위 유비
투둥!

×꺄,
웬 헛소리야??
말을 똑바로 해!!
?!
서순경님
어르신
동생분ㄴ말리세요

저인간 건들면안돼요
십상시 따까리래요...
저거 돈달라는거예요
아ㅏ무근거없어요
즉시계좌이체
금액
100만
10만
1만
전액
받는통장표시내용
이름
독우
안희협금고
어서오시오
유비님
즉시계좌이체
금액
16,161원
100만
10만
1만
전액
받는통장표시내용
이름
독우
똥밟았다 생각하시고,,
통장에 있는돈,,,
다줘버리세요
안그럼큰일나요,,
…!

저… 돈 없는데요?
한편, 부패한 도시
연주 제남국
우우~웅!
벌레1 / 제남국 감찰관
우리~조맹덕쓰~
돈좀 있나~ㅎ?
제남국 상
조조 字 맹덕

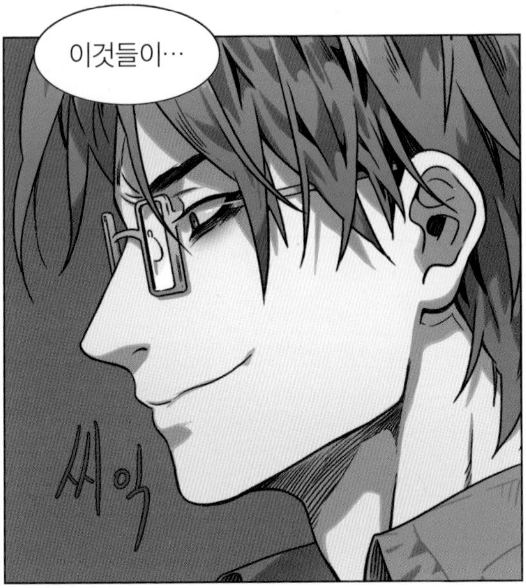
이것들이…
씨익

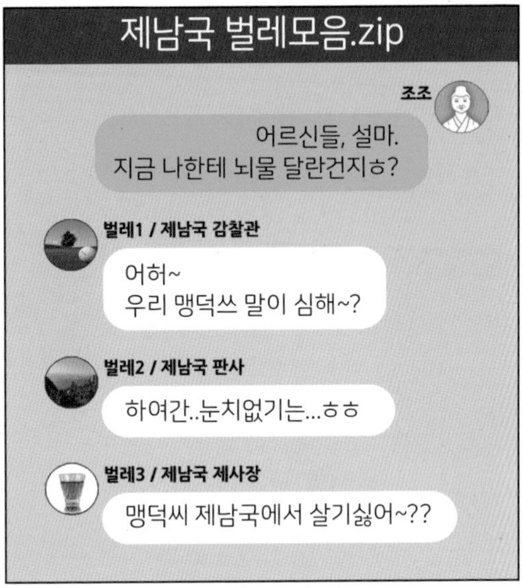
제남국 벌레모음.zip
조조
어르신들, 설마.
지금 나한테 뇌물 달란건지ㅎ?
벌레1 / 제남국 감찰관
어허~
우리 맹덕쓰 말이 심해~?
벌레2 / 제남국 판사
하여간..눈치없기는...ㅎㅎ
벌레3 / 제남국 제사장
맹덕씨 제남국에서 살기싫어~??

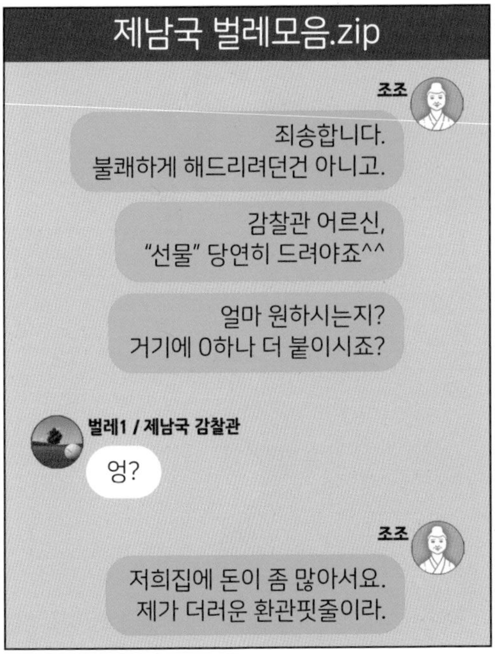
제남국 벌레모음.zip
조조
죄송합니다.
불쾌하게 해드리려던건 아니고.
감찰관 어르신,
"선물" 당연히 드려야죠^^
얼마 원하시는지?
거기에 0하나 더 붙이시죠?
벌레1 / 제남국 감찰관
엉?
조조
저희집에 돈이 좀 많아서요.
제가 더러운 환관핏줄이라.

제남국 벌레모음.zip
조조
뇌물 받아처먹고,
백성들 등쳐서 짜낸 돈이
통장에 산더밉니다.
여러분처럼?
벌레1 / 제남국 감찰관
이야~
조맹덕이 이사람!
유우머센스가 남달라~

흥!

*〈정사〉 제남국 벼슬아치 및 권세가들 부패하다.
이전 제남상들, 질서 바로잡지 못하다.「위서」

드디어 찬스가 왔다.
인간 벌레들을 파묻을 기회가!
예, 어르신?
보좌관 하후선
0*0 - 7*30-11*0
00:03
납니다. 준비 다 됐는지?
네. 말씀만 하시죠? 저희 언제 어디로 갈까요?

내일 저녁 여섯시.
제남한정식ㅎㅎ

三十四. 종놈, 원소

수도 낙양

대명문가 원씨 집안 2세
원소 字 본초
음?
부웅-

사랑하는 백성 여러분.
집밥 좋아하는지?
본초, 간만에 집에 들러라.
형제끼리 식사라도 같이 하자.
흠…

소화제를
준비해야겠군^^
그날 저녁,
낙양 대명문가
원씨 저택

원소, 내 너를
혼내려고 불렀다.
집안 어르신들
걱정이 이만저만이
아니다.
대명문가 원씨 집안 2세
원기
(원소의 사촌(?)형)
대체
무슨 짓을 하고
다니는 게냐?
'프린스 원소'라?
하!
대명문가 원씨 집안 2세
원소 字 본초

[핫이슈] 프린스 원소, 훈훈한 행보 "백성들과 함께하겠다"
십상시 물러나라!!
바른말하다 십상시에게 찍힌 선비들,
직접 찾아가 위로…"용기 잃지 마시라"
네티즌 "금수저에 편견 있었는데…프린스 원소 사랑해"
후한일보

뉴스댓글 | 최신순 | 인기순
십상시OUT***
십상시 보고 버린눈 원소보고 정화한다
37분 전
십썅시만없으면**
원씨집안 최대 아웃풋ㅠㅠ♥♥♥♥
21분 전
원소가나라를구한다**
와 착해...프린스....
14분 전
프린스본초?예아**
원소어르신 진짜 호감상
10분 전

본초, 네가 우리 가문을 박살낼 참이더냐!
아직 십상시 세상인데 어찌 놈들에게 이빨을 보여?
달그락

큰형님, 그만하시죠? 듣는 내가 다 섭하네.
본초 형이야말로
대명문가 원씨 집안 2세
원술 字 공로
(원소의 사촌(?)동생)
우리 집안의 충성스런 #종 아닙니까 (비웃)?
어허! 경거망동하지 마라. 보는 눈들이 있어!
공로, 본초! 너희 둘 다 뼈에 새겨라.

*원기와 원술은 친형제.

선비가 힘 있을 땐 선비와,
내시가 힘 있을 땐 내시와,
백정이 힘 있을 땐
백정과 손을 잡아라.
그래야 살아남아!

나라는
잠깐이고,
가문은
영원하다.

품위 있게
굴어!
달그락!
가수
활명소
Wow.
재주도
좋으시지.
차 한 잔으로
사람을 체하게
하시다니.

감히 내게 품위를 논해?
속물인 주제에 우아한 척하고…
핏줄 때문에 날 무시하던 당신들이?
어린 원소
이런 종놈x끼ㅋㅋ
넌 원씨 가문의 수치야!!
오만하군(웃음).

Well, 맘껏 잘난 척들 하도록!
이제 운명의 날이 머지않았어.
시나리오는 준비됐고,
배우들도 정해두었다.
♪ Mi si affaccia un pugnal? ♪
♪ 내 앞에 보이는 이것이 단검이란 말인가? ♪
그중 한 명,
중요한 역할을 맡길 자는 바로…
하진 / 장군
ㅇㅇ…내일점심 같이합시다
어제
조조ㅋ / 제남상
바쁨. 나중에.
어제
노식 / 상서
그럼 노식 어르신(웃음)
곧 찾아뵙죠. 강녕히(장미)(장미)
어제

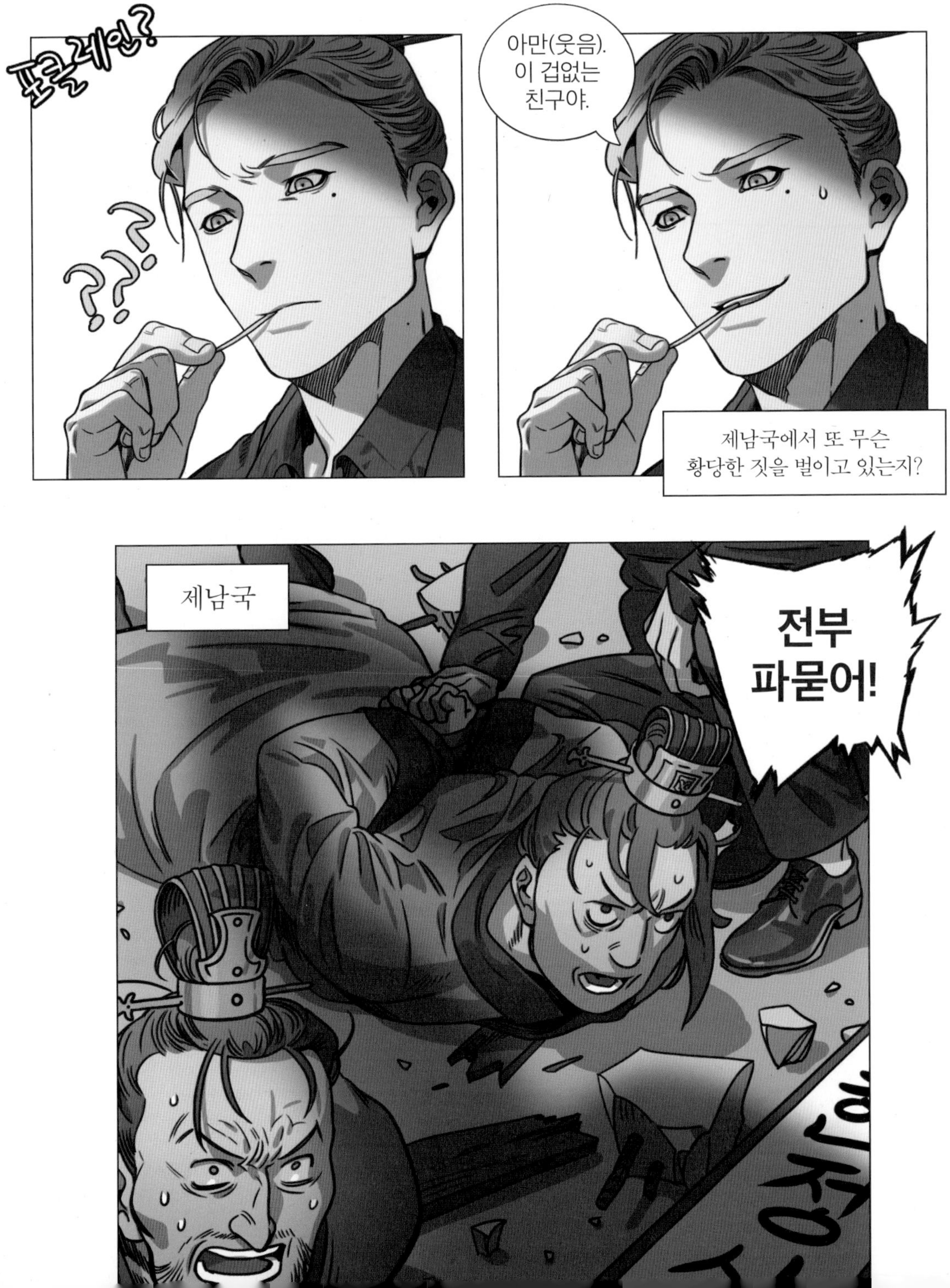

포클레인?
???
아만(웃음). 이 겁없는 친구야.
제남국에서 또 무슨 황당한 짓을 벌이고 있는지?
제남국
전부 파묻어!

三十五. 좀 맞자

야~
보기 좋네.
제남한정식
뇌물수수,
횡령, 살인…
뷔페야 아주?
콰광

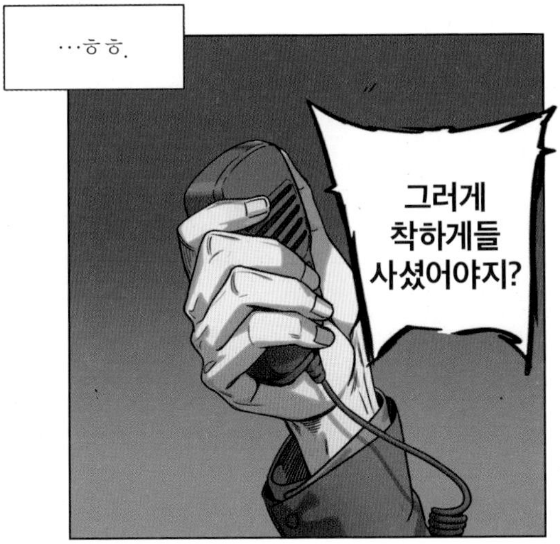
…ㅎㅎ.
그러게 착하게들 사셨어야지?

사는 보람
낙양에선 실패했지만, 여기만큼은… 나의 구역!
조조
청소중

썩어빠진 놈들을, 깔끔히 청소하리라!
전부 파묻어!

안희현
퍽!

양아치 감찰관
독우
야이,
엉터리 놈아!
!!
웬 생트집이여?!
여 총각들이 얼마나 착한데!

이 총각들 덕에 여기 사람 사는 곳 된 거여.
수동
총각와서동생업ㅂ고가게
개조심
우리 머리 뻘건 애기도! 얼매나 효잔데!
귀큰총각
악
죄송합니다ㅠㅠㅠㅠㅠ아오
수동
아녀덕분에요넉달간술은한방울도구경못햇ㅅ네
동네할매들혈압이며간수치가둑덜어져부럿ㅅ어
의원양반이기적이라더만
귀큰총각
;;;
키큰총각
키큰총각
아버님,,,^^ 개도둑,,,검거,,,^^b
엄복
참으로 고마웁네요,,,
ㅋㅋ내가 좀.
사진.png
막걸리 심부름 시키면 말여?
지가 싹 다 처묵어!!!!

안희현
[뉴스] 시골들, 유령마을 됐다…"노인들뿐"
젊은이들, 황건적의 난으로 죽어…
노인들 "자식들 무덤 지킬뿐…사는 낙 없어"
차라리 우릴 때려 이놈아!
두근
두근
슥
콜…ㅎㅎ
퍼억
아이고!
할매가 치라며~ㅎㅎ

LIVE● 꿀잼보장★공무원한테 시비턴 노인들 인생교육★
귀 큰 놈아! 니 덕에 스트레스 짝 풀겠다~ㅎ
이 촌것들이 가암히~ 공무집행을 방해해?
투고자 : dokw*_k*ng*od 2:18
다 죽었어…ㅎㅎㅎ

유비

쌔액
쌔액
팡
팡
아이고! 총각!
어쩌자고 저놈을 패??
이 할매 죽든 말든!
굽신굽신했어야지!!
도망쳐.
총각들 이제
역적이여!

스톱~(^-^)
동작 그만~(^-^)
제남한정식
?
텁!
!!
덥석!

낙양에서 온
환관 1인
조맹덕이는~(^-^)
황명을
받으라~(^-^)
십상시 어르신들이~
나한테 친절히 제보를
하셨어요~(^-^)
(^-^)장양 어르신(^-^)
십상시/장양 어르신
여봐.
제남국. 알지.
가서. 조아만이. 잡아와
환관1인
조맹덕이요~(^-^)?
십상시/장양 어르신
그려~
벼슬 존거. 준다하고. 데려와
고 망둥어×끼.
제남국에서.뭔짓하는거여…??
[제남일보]J씨, 굴삭기로 허가없이 사당 쳐부숴
[제남이코노미] 폭력적인 제남상J씨 "깡패가"
[제남일보] 제남국, 범죄율 뚝 떨어졌지만
"J씨 방식 문제 있다"
환관1인
(^-^;;;)
십상시/장양 어르신
썩을…사고만.치고다녀ㅜ.ㅜ
안그래도.폐하때매.골아픈데…

*〈정사〉 조조, 권세가들이 세운 사당 부숴버리다. 제사를 지낸다며 백성들에게 돈을 뜯어내는 등, 비리가 들끓었기 때문.

십상시/장양 어르신
언넝.낙양 끌고와.
목줄 깡깡.채워놓게쯔…
툭툭
조조라구, 제남국에
똑똑한 넘 있으니~
냉큼 낙양 델고
오라구~(^-^)
어어~(^-^)?
눈깔 이쁘게 안 떠~(^-^)?
칭찬해줘도 ㅈ랄이네~(^-^)?
조맹덕이가
능력자라~
제남국에 두기
아깝단 거
아녀~(^-^)
야~ 됐고~
이넘 차 태워라~
(^-^)
콱
…황은이
망극합니다.
근데
어르신.
공무원증

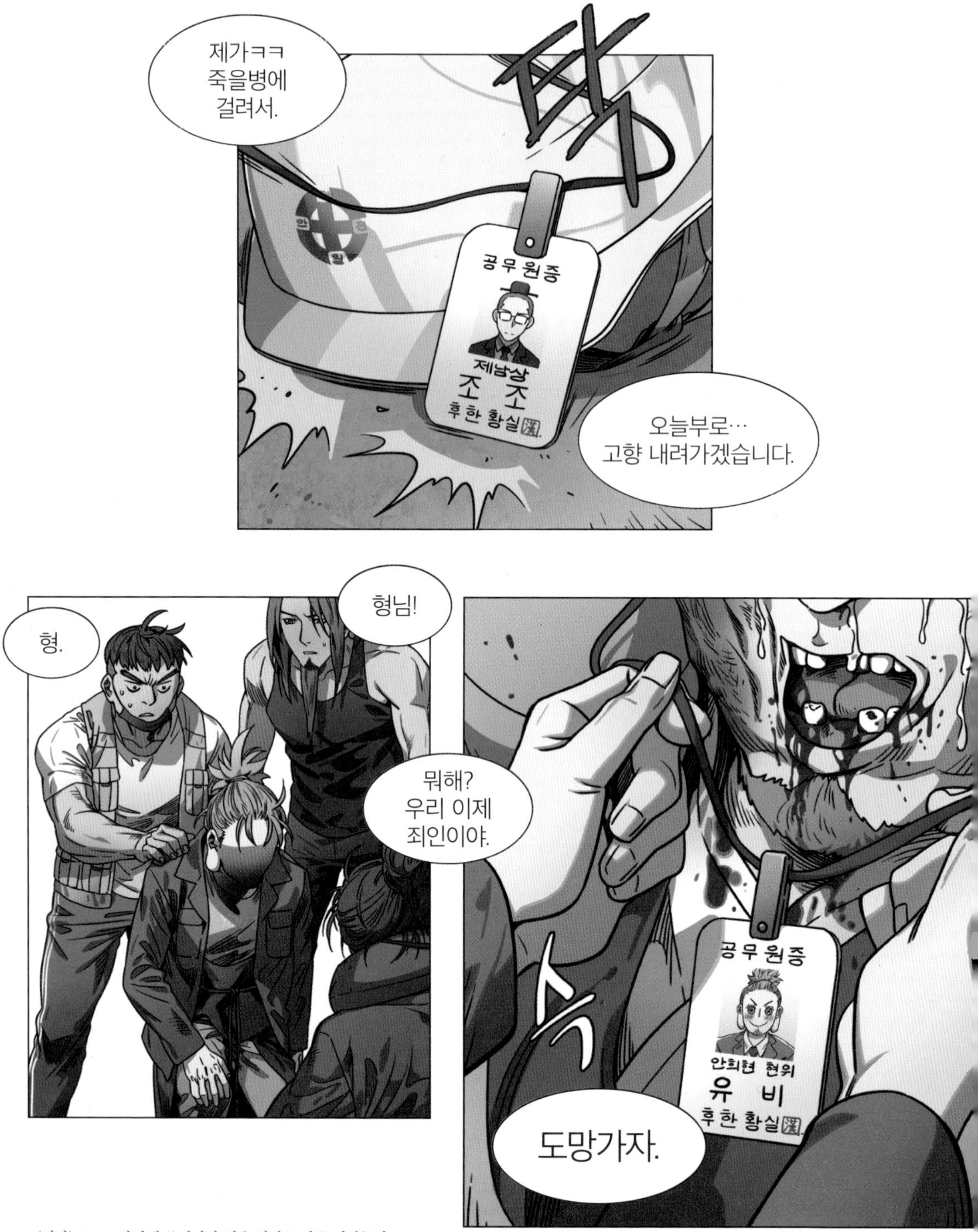
제가ㅋㅋ
죽을병에
걸려서.
딱
공무원증
제남상
조 조
후한 황실 漢
오늘부로…
고향 내려가겠습니다.
형.
형님!
뭐해?
우리 이제
죄인이야.
공무원증
안희현 현위
유 비
후한 황실 漢
쓱
도망가자.

*〈정사〉 조조, 낙양에 불려가자 병을 핑계로 벼슬 내려놓다.

쪽팔린다.
난 왜 이따위지?
쪽팔린다.
나만 잘하면
세상이 바로 설 거라 믿었다.

더 굳셌더라면
얼마나 좋을까?
그… 조조라는
어르신처럼!
ㅋㅋㅋ 스랄…

더럽게 분해!

잘됐군. 고향에서 쉬자.
지금 내겐 뒤엎을 힘이 없다.
모처럼… 책도 읽고…
고요히 낚시도… 하고…!!!

으득

빌어먹으
으으을!!!
조조
字 맹덕
二德
이덕
다른듯 닮은둘.
YOU
유비
字 현덕

三十七. 십상시를 죽여라

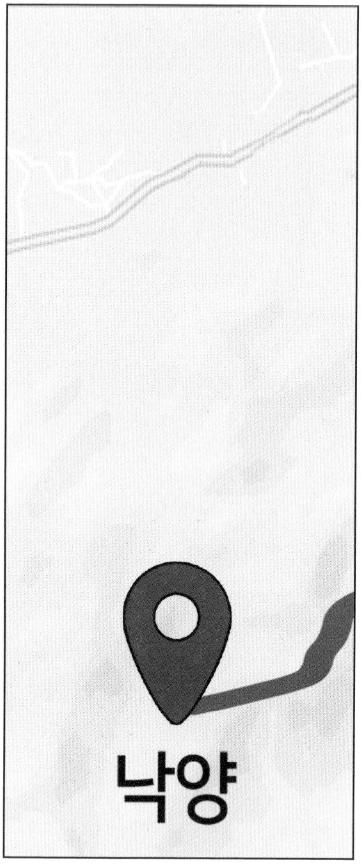
낙양

황후 하씨의 오빠
대장군 하진의 저택
헐, 대애박.

보초병 1
그 유명한 프린스 원소가 여기 있다니…
보초병 2
쉿! 조용!

…뭔 이야기 중인지 안 들리잖아! 두 분 다 심각한 것 같은데…
야ㅋㅋ 니까짓 게 들어서 뭐하게?
근데 프린스가 우리 장군님이랑 친한 줄은 몰랐네?
……
……
대명문가 원씨 집안 2세
원소 字 본초
글게~
……
황후 하씨의 오빠
대장군 하진
…조용! 쉿! 쉬잇!
너, 너무 위험하지 않은가?!
Sure(웃음). 하지만 더는 지체할 수 없습니다.
…쓸어버리죠. 십상시들.
허어어어어어 어어어어얼~!!!

쉿! 야 이 멍청아!
소릴 지르면 어떡해?
헐.
미… 미안…
이런…(웃음)
누군가 했더니만,
사랑하는 내
팬분들이셨는지^^?

끄아아아악~!
꺅
꺅
프, 프린스 어르신!
훔쳐 들어 죄송합니다…
근데 정말 대존경합니다!
십상시에 맞서시겠다니…
역시 영웅이십니다!
외쳐 갓원소…

Sorry(눈물).
오늘밤 일은 모두 비밀이어야 해서.

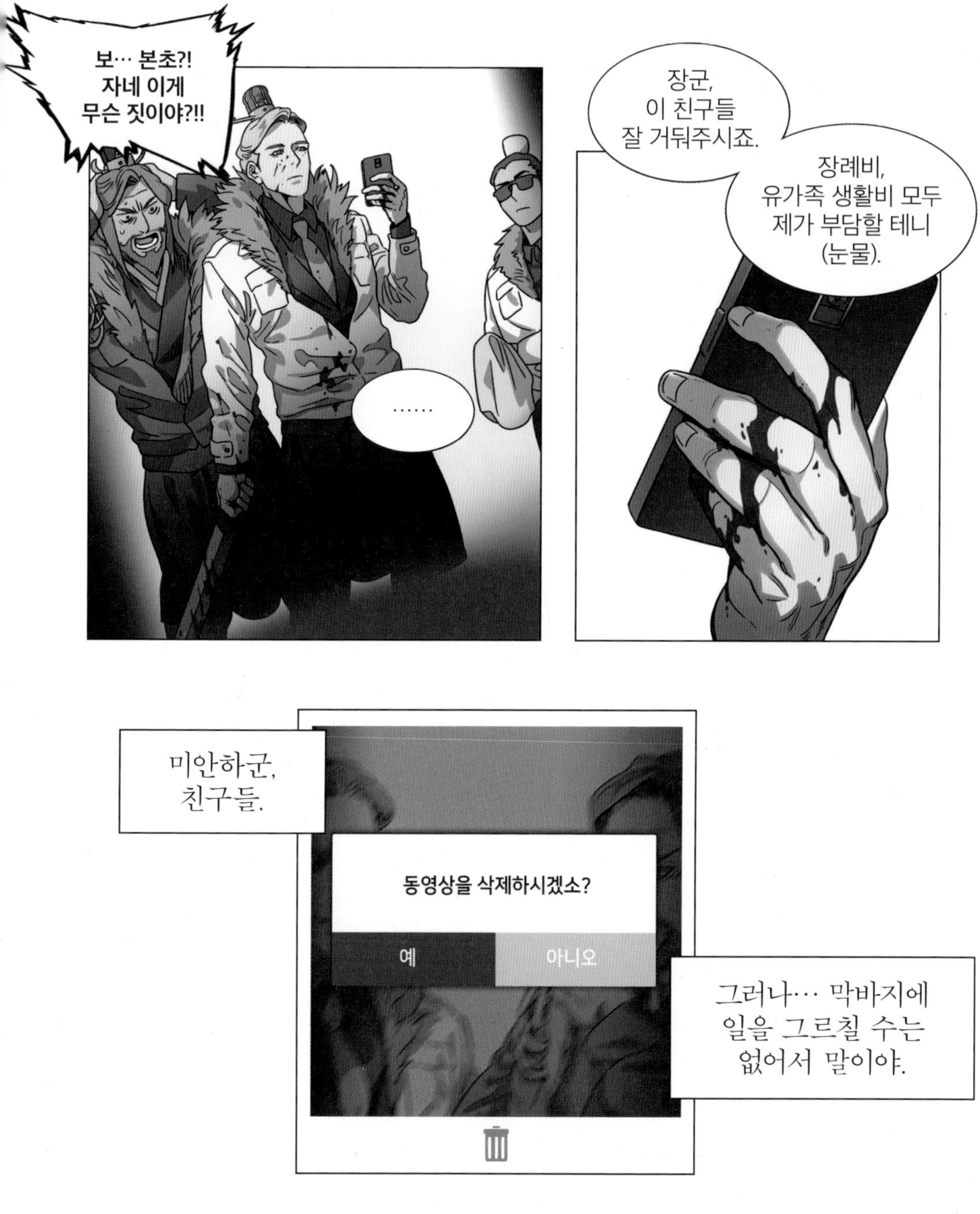
보… 본초?! 자네 이게 무슨 짓이야?!!
……
장군, 이 친구들 잘 거둬주시죠.
장례비, 유가족 생활비 모두 제가 부담할 테니 (눈물).
미안하군, 친구들.
동영상을 삭제하시겠소?
예
아니오
그러나… 막바지에 일을 그르칠 수는 없어서 말이야.

기다림은 끝났다.
타이밍도 완벽해.
이제…
화려한 연극을
시작하지!

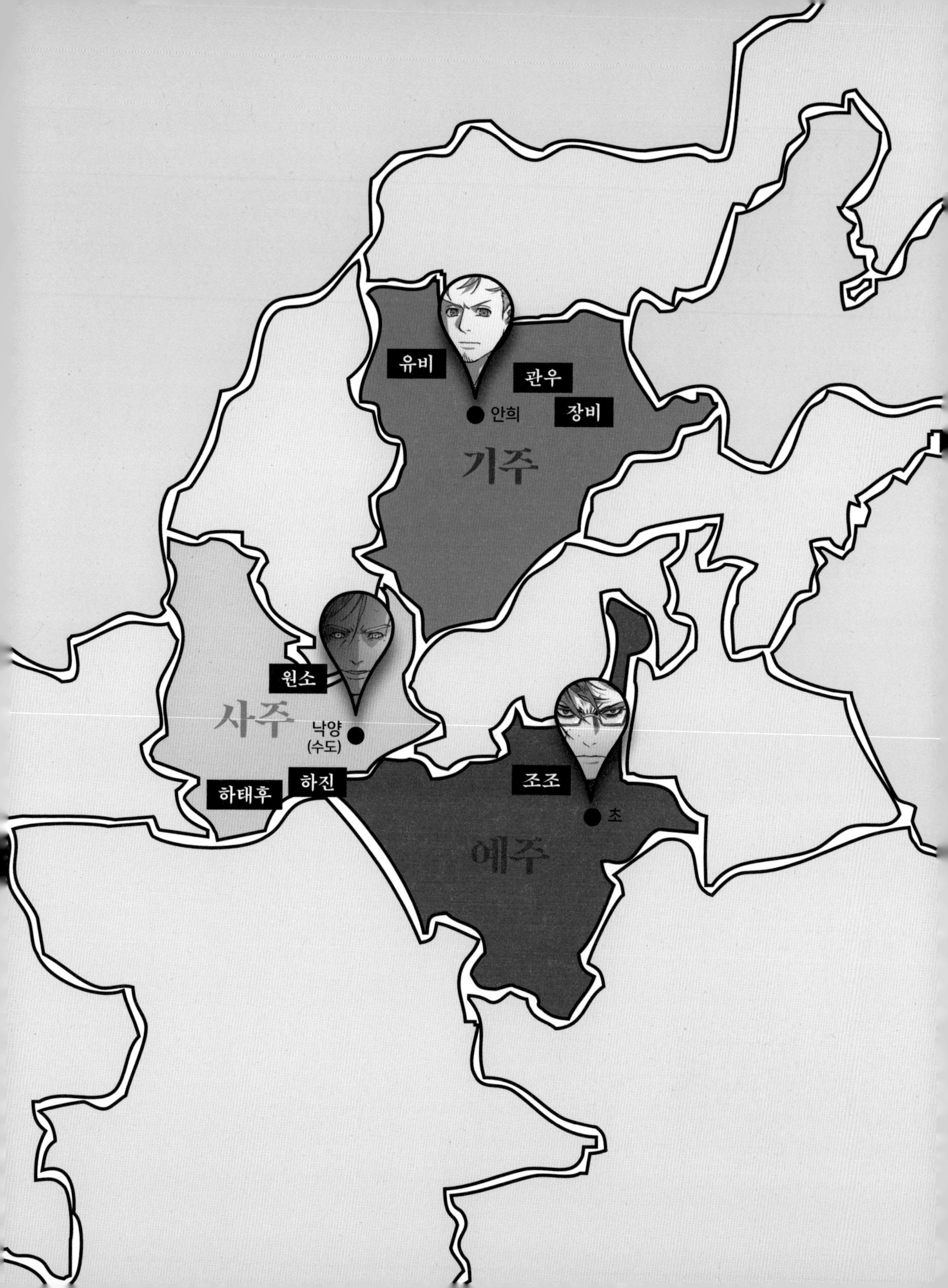

유비
관우
장비
안희
기주
원소
사주
낙양
(수도)
하태후
하진
조조
초
예주

삼국지톡

三十八. 적과의 동침

조조의 고향집
조숭
오ㅋㅋㅋ 형.
오늘따라
심각하게 존못…
아아아악!
퉁
퉁
퍼억—
벅
벅
조조의 사촌동생
하후돈 字 원양

백수라 책 읽느라 밤샜다. 왜?
그러는 넌 무슨 게임을 하루종일 하냐?
아니거든요. 뉴스거든요~
캬~ 프리스 원소. 이 양반 참 부럽네!
ㅋㅋ
원소
얼굴은 잘생겼지, 키는 훤칠하지~ 어깨빨도 죽여줘요!
뭐래ㅎㅎ
연관검색어
원소야사모해 원소SNS
[스타포토] 프린스 원소, 오늘도 빛나는 외모
대명문가 2세 원소, "100만점짜리 미소"
[정치] 프린스 원소, 훈훈한 행보
"백성들과 함께하겠다"

싸움도 사실 꽤 하는 거 아냐?!
아이고 됐네요~ㅎㅎ
주먹질은 그 인간 스타일 아냐.
"언제나 기품 있게, 곧 죽어도 우아하게."
……
"그게 나의 칼이자 방패라네, 친구(웃음)."
원가놈1
원가놈1
아만ㅎ
지금.전화?
빨리
선물있음ㅎ
그나저나 이 자식, 왜 자꾸 문자질이야?
귀찮게스리…

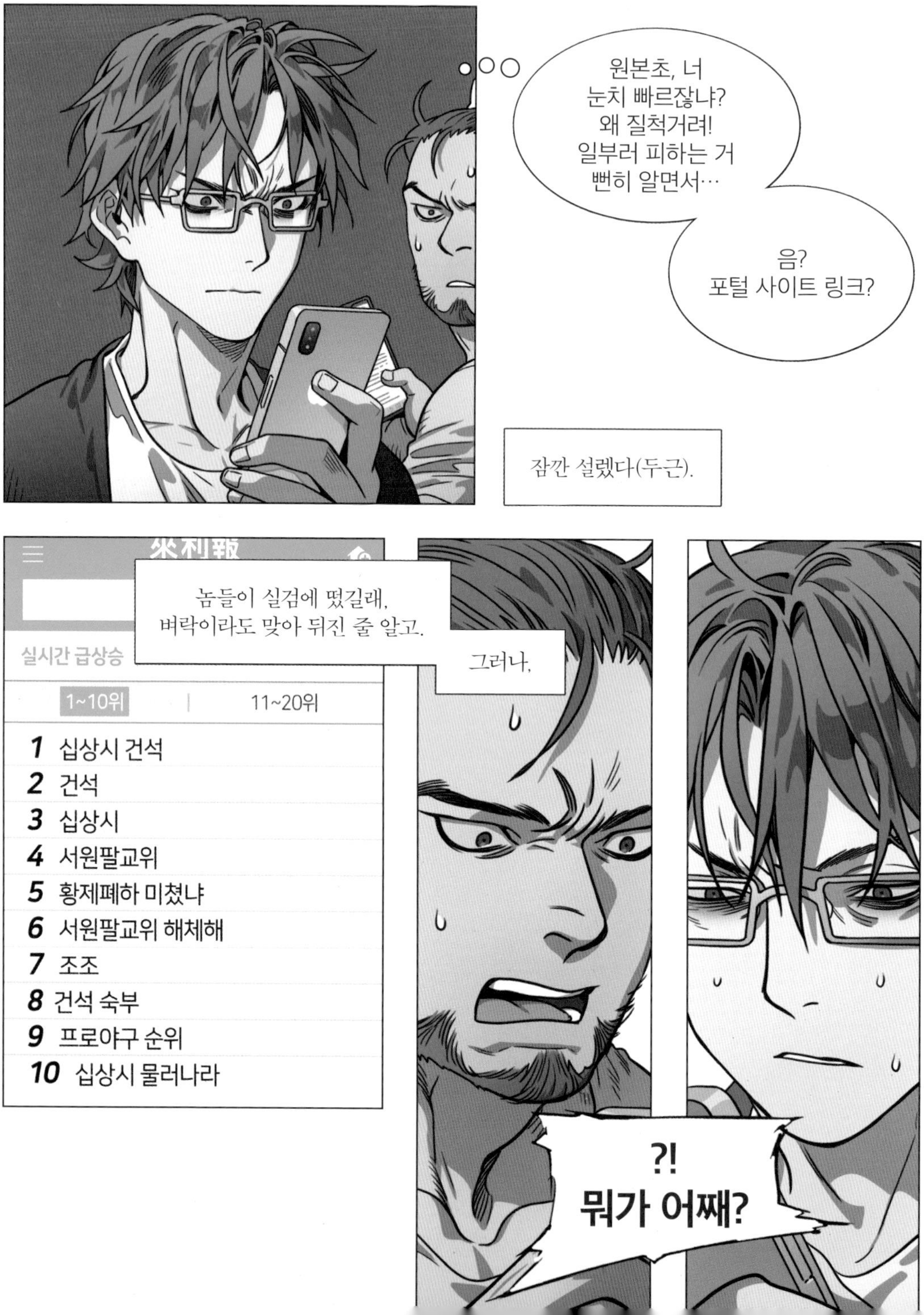

원본초, 너 눈치 빠르잖냐? 왜 질척거려! 일부러 피하는 거 뻔히 알면서…
음? 포털 사이트 링크?
잠깐 설렜다(두근).
米利報
실시간 급상승
1~10위
11~20위
1 십상시 건석
2 건석
3 십상시
4 서원팔교위
5 황제폐하 미쳤냐
6 서원팔교위 해체해
7 조조
8 건석 숙부
9 프로야구 순위
10 십상시 물러나라
놈들이 실검에 떴길래, 벼락이라도 맞아 뒤진 줄 알고.
그러나,
?! 뭐가 어째?

속보.
황제 위독해…
이제 1인자는
십상시?!
십상시
[속보] "세상에 이런일이"
십상시, 최고권력 됐다
이런…
미친!
황제폐하, 직속군 만들어…"서원팔교위"
폐하 "황제 권위 세우라"
지휘관으로 십상시 "건석" 임명
이 나라 군권을
내시가 틀어쥐다니…
십상시 5 건석
조아만이~
고향에서 잘 쉬고 있나~^^?
!
우우~웅!

ㅅㅂ읽지마
십상시 5 건석
뉴스봤지~?
조조
…영전 축하드립니다
십상시 5 건석
ㅋㅋ됐고~
내가 요새~자나깨나~
우리 조아만이 얼굴만~
떠오르더라고~~~^^

십상시 5 건석
명령이야~~~
어여 낙양으로 튀어와~?
ㅋㅋㅋㅋㅋㅋㅋㅋㅋㅋㅋㅋㅋ
수도, 낙양

어어~! 어여 와!
울 이쁜 조아만이!

뭐해? 얼렁
머리 박어~

사람이 말이야~ 그렇게 살면 안 돼~!
시건방지게~ 감히 나를~ 무시하고!
서원팔교위 1인자 상군교위 십상시 건석
조조 얘기네…
황제폐하 수족인~ 우리 십상시를~ 발꼬락 때만도 못하게 봐??
조조 얘기구먼…
내 애기군.
내 뜻이 곧 황제폐하 뜻이니까~
고런 X놈은~ 역적이라고 봐야겠지~?

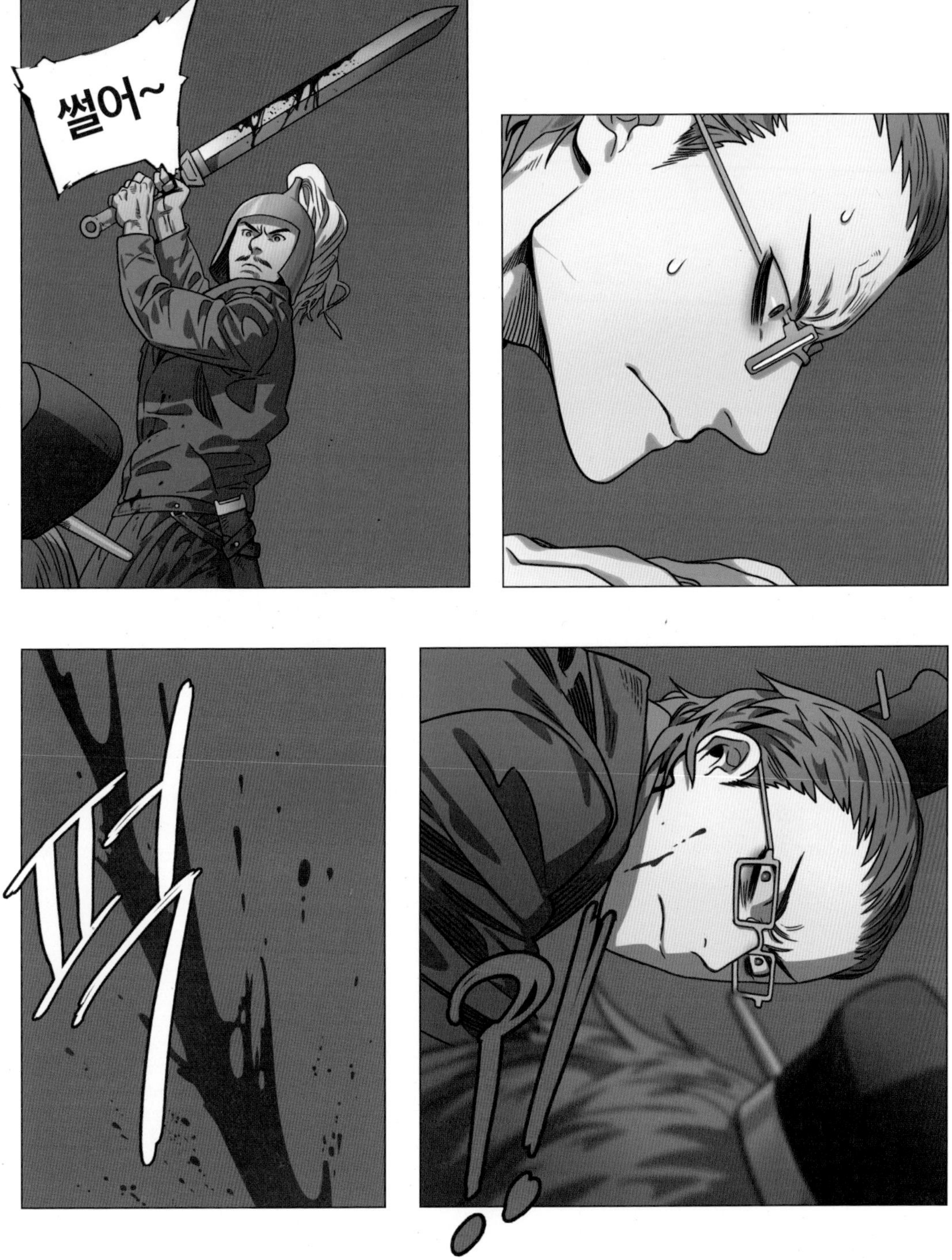
썰어~
퍽

픕… 쫄았어,
조아만이~ㅎㅎ?
아이 쫄지 마~ 우리 맹덕이가 왜 역적이야~?
황실의 영원한 충신이지~ ㅋㅋㅋ
고놈은~ 감히 황제폐하와~
우리 십상시를 모욕하는 글을 쓴 바~
그 죄가 커 처형한즉!

*조조는 환관 가문 출신으로, 조조의 할아버지 조등은 십상시 장양을 키워낸 전설적인 환관이다.

황명이다~
역적을 벤
이 기쁜 날~
조조에게~
서원팔교위
전군교위*직을
제수한다~~
어억???!!!!
술렁

*전군교위 : 서원팔교위 4인자.

중군교위~
부하에게 관대를
걸쳐주도록~ㅎㅎ
예.
서원팔교위 2인자
중군교위*
ㅋㅋㅋㅋ
ㅋㅋㅋㅋㅋㅋ
아이고~~~
잘 어울리네~!
…!!
조아만이~
잘해~?
우리 이제
한배 탄 거다~?
♪

*중군교위 : 서원팔교위 2인자.

중군교위!
자네 #부하 교육
잘 시켜.
우리 십상시
털끝이라도
다치면~
직접
조조 고놈
모가지
잘라오기~?
ㅋㅋㅋ
그러죠.
기꺼이(웃음).
야.
너…?!
오랜만이야,
아만?
서원팔교위 2인자
중군교위
십상시 건석의 오른팔
★조조의 상사★
원소 字 본초

三十九. 사냥은 타이밍

워, 원소…
원본초*?!

*본초 : 원소의 자字.

야.
니가 왜 거기서 나와?
짝
조맹덕씨, 아까부터 말이 짧군?
근본 없는 '핏줄'이라 그런가?
서원팔교위 2인자
대명문가 2세
원소 字 본초

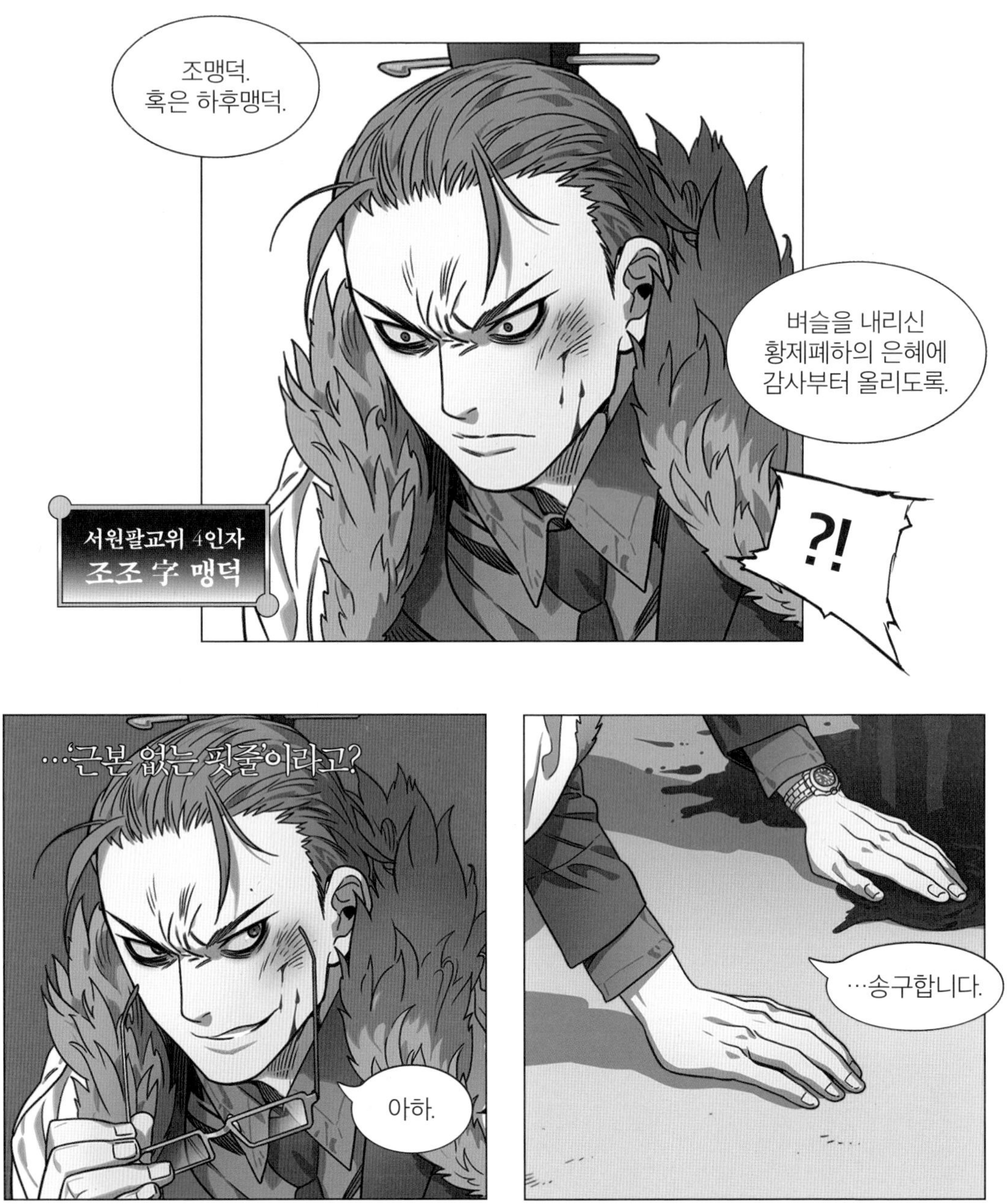
조맹덕.
혹은 하후맹덕.
벼슬을 내리신
황제폐하의 은혜에
감사부터 올리도록.
서원팔교위 4인자
조조 字 맹덕
?!
…'근본 없는 핏줄'이라고?
아하.
…송구합니다.

*조조의 아버지 조숭은 어려서 환관 조등에게 입양됐다. 조숭이 본래 하후씨였다는 설이 있음.

황은이 망극합니다.
캬 원본초~ 사회생활 잘하네~ ^^b
이제 일없으니 둘 다 꺼져~ 나 잔다~
저벅
저벅

…아만.
내가 사과하길 바라?

흥
아니?

야. 너무 발연기 아니냐?
니가 '핏줄' 소릴 입에 담을 리가 있나ㅋ
^^이런… 엉터리라니? 너무하는걸?
톡
톡
제남국에서 느낀 바 없는지?
낭심친구
원소
조조ㅋ/전군교위님께 보내신 선물
[최고급형] 대왕멸치 기프티콘
칼슘이 듬뿍! 키성장과 ★분노조절★에
0 12345 6789
…성질 좀 죽이도록. 칼슘이 화병에 좋다지?

*원소의 어머니는 노비로, 그는 얼자이다.

아~ 이거세요? 니가 준다던 잘난 '선물'이?
톡
톡
No way(설마)! 조심하란 말이야, 친구.
건석을 자극하지 마. 황궁은 저자의 무대이니 우릴 손가락 하나로 죽일 수도 있어.
서원팔교위
뉴스
[낙양데일리] 서원팔교위, "어디든 간다!"
십상시 건석 "반란? 황건적 잔당?
서원팔교위, 험한곳만 골라 보내겠다^^"
하긴, 나의 친애하는 낭심친구께선 절대 혼자서만 죽진 않겠으나…^^
-_-^

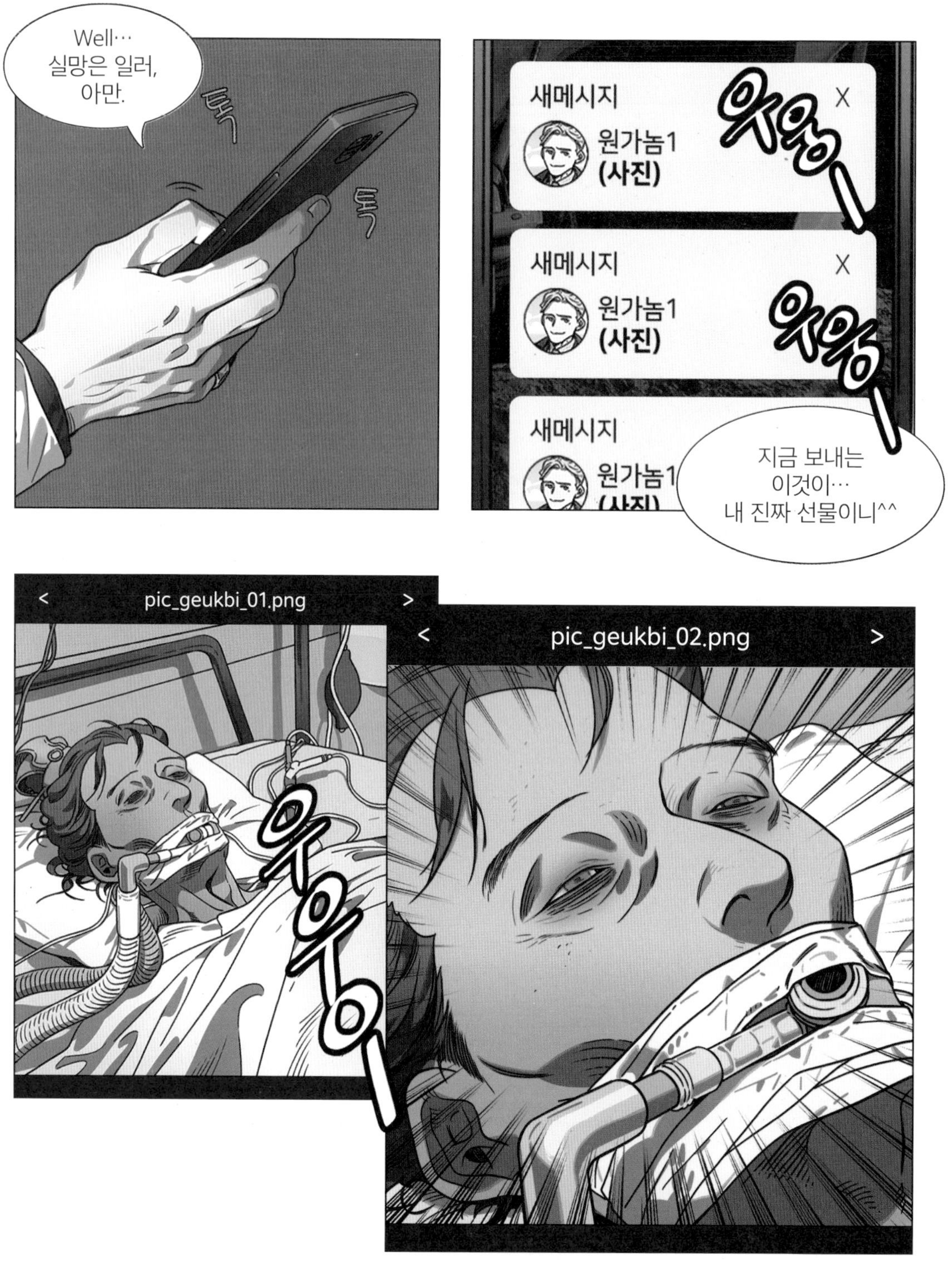
Well…
실망은 일러,
아만.
톡
톡
새메시지
원가놈1
(사진)
새메시지
원가놈1
(사진)
새메시지
원가놈1
(사진)
지금 보내는
이것이…
내 진짜 선물이니^^
pic_geukbi_01.png
pic_geukbi_02.png

누군데?
이 산송장이…
pic_geukbi_03.png
유굉 VVVIP 156生
?!
유굉…
유굉 VVVIP 156生
유굉
유굉 정치인 (현 황제폐하)
156년생
가족구성
전 황후 송씨(사망)
황후 하씨
전 후궁 왕씨(사망)
태후 동씨
황자 유변
황자 유협
황제?!

아만, 쉿! 잊었는지?
황궁에는 벽에도
귀가 있음을.
그래, 황제가 위독해.
아마 내일 뜨는 태양을
보지 못할 거야.
황궁이
큰 혼란에 빠지겠지.
그래서 건석이
우릴 부른 거고!

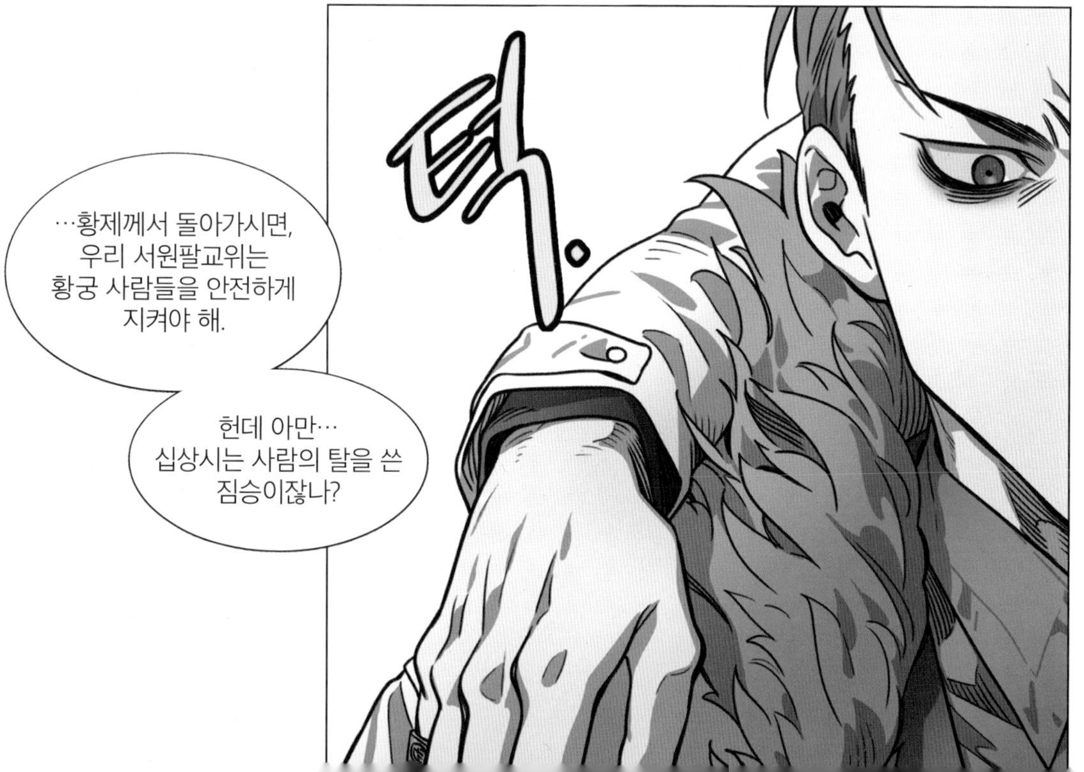
턱.
…황제께서 돌아가시면,
우리 서원팔교위는
황궁 사람들을 안전하게
지켜야 해.
헌데 아만…
십상시는 사람의 탈을 쓴
짐승이잖나?

짐승들
목 따는 거
좋아하지
(웃음)?
예, 건석
어르신~
아뇨?
걍 얌전히
사냥 얘기나
하는데요ㅋㅋ?
예예.

四十. 파티를 시작하지

낙양,
조조 오피스텔
간만이군?
대명문가 원씨 집안 2세
원술 字 공로
이
천박한
내시놈아?
미안하군, 아만ㅎ
같이 좀 놀아줘.

내 친애하는 '아우님'께서
이 형 뒤꽁무니를
어찌나 쫓아다니는지?
닥쳐, 종놈아!
내가 언제?
감시하러 왔다.
천한 것들이 사고칠까봐.
이런! '아우님'
말을 삼가도록.
아담한 70평짜리
복층 오피스텔…
#비좁아 #터졌어도
여긴 벗의 집이잖니?
두 놈 다
죽여버릴 테다.

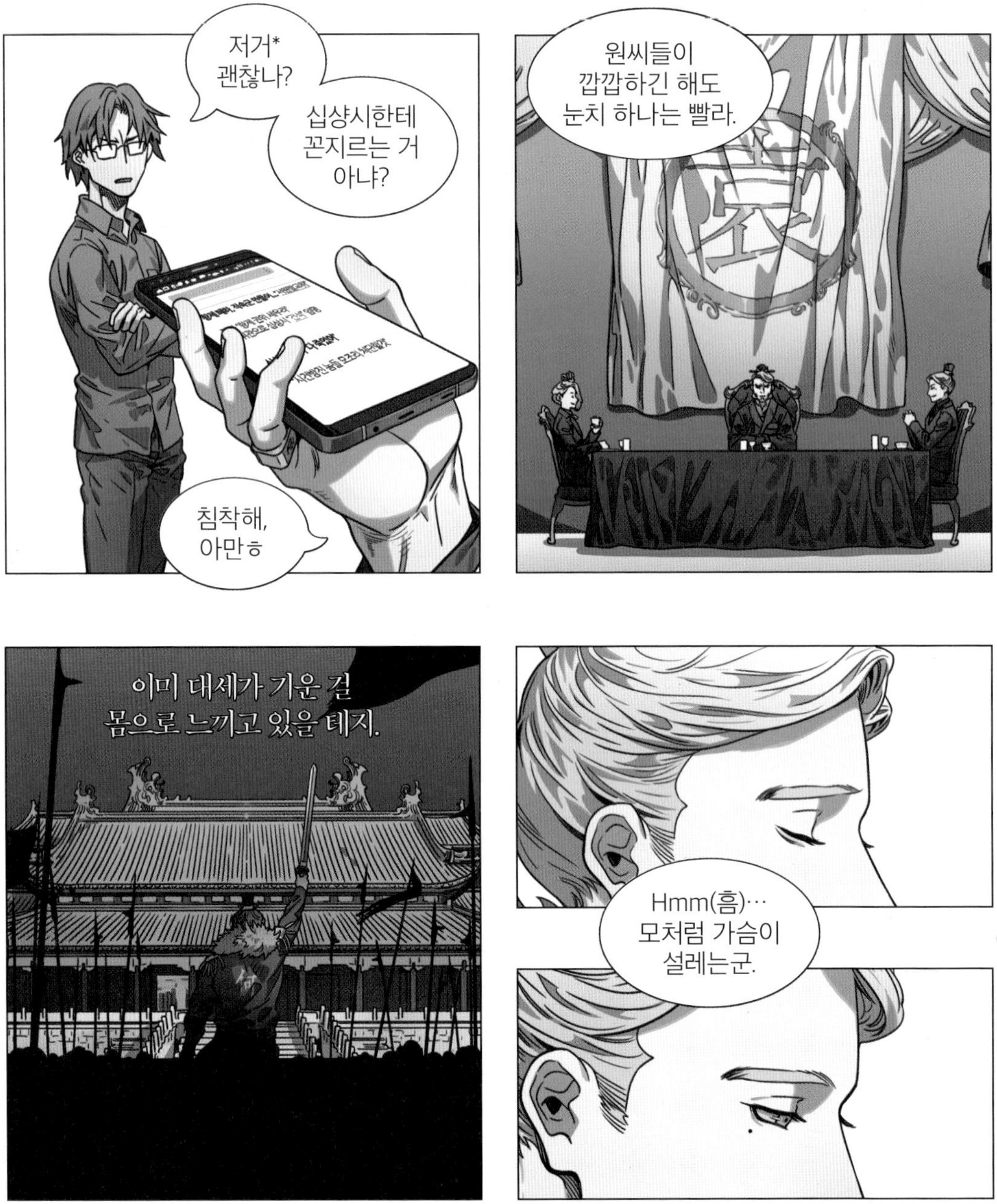
저거*
괜찮나?
십상시한테
꼰지르는 거
아냐?
침착해,
아만ㅎ
원씨들이
깝깝하긴 해도
눈치 하나는 빨라.
이미 대세가 기운 걸
몸으로 느끼고 있을 테지.
Hmm(흠)…
모처럼 가슴이
설레는군.

*저거 : 원술.

…슬슬 하늘이 무너질
때가 됐는데(웃음)?
아이고…
아이고…
폐하!…
황제 유굉,
34세를 일기로 사망.
여보, 잘 가요.
당신과 나는
지옥에
떨어질 거야.
대장군 하진의 동생
황제 유굉의 아내
황후 하보옥

헙!
마마!
어, 어마마마…
그런 말씀
마세요…
황후 하씨의 오빠
대장군 하진
황후 하씨의 아들
황자 유변 (16세)

하… 무서버라…
동생아, 어찌
그리 변했니…??

그토록
다정한 아이였는데!
하씨네정육점
정육점협회님 외 1,842명이 좋아하오
하하남매 강력추천! 오늘은 삼겹살 어떠시오~?

*황후 하씨와 하진은 궁에 들어오기 전 고기를 팔았다.

하기야…
따지고 보면 다
내 잘못이지.
십상시들 꾐에 넘어가
이 험한 황궁으로
보옥이를 밀어넣은 게
나였으니…
그 덕분에 우리 모두
출세하긴 했다만!
사… 삼촌…
다리…
아프시죠…?
가… 같이
앉아요…
어흑! 조카님!
착하기도 하지!
곧 황제가
되실 분께서!

맞아… 내가 황제 삼촌이잖아?
조카전하를 지켜드려야 해… 탐욕스런 십상시들한테서!
십상시 어르신들
장양 어르신
나 급전 필요하네~빠른입금 부탁~
2일 전
장양 어르신
내 은혜 잊은거 아니쥐~…? 울조카놈 백순데~벼슬 한자리 줘봐봐~
어제
장양 어르신
장군네 집터 좋더만~? 땅문서 주라~ 조카 황제만들기 싫어~~~??
이 하진이 나서야 해…
장군! 망설일 때가 아닙니다.
황제폐하께서 돌아가시면 착하신 조카전하께서는… 십상시들 새 꼭두각시가 되시고 말 터!

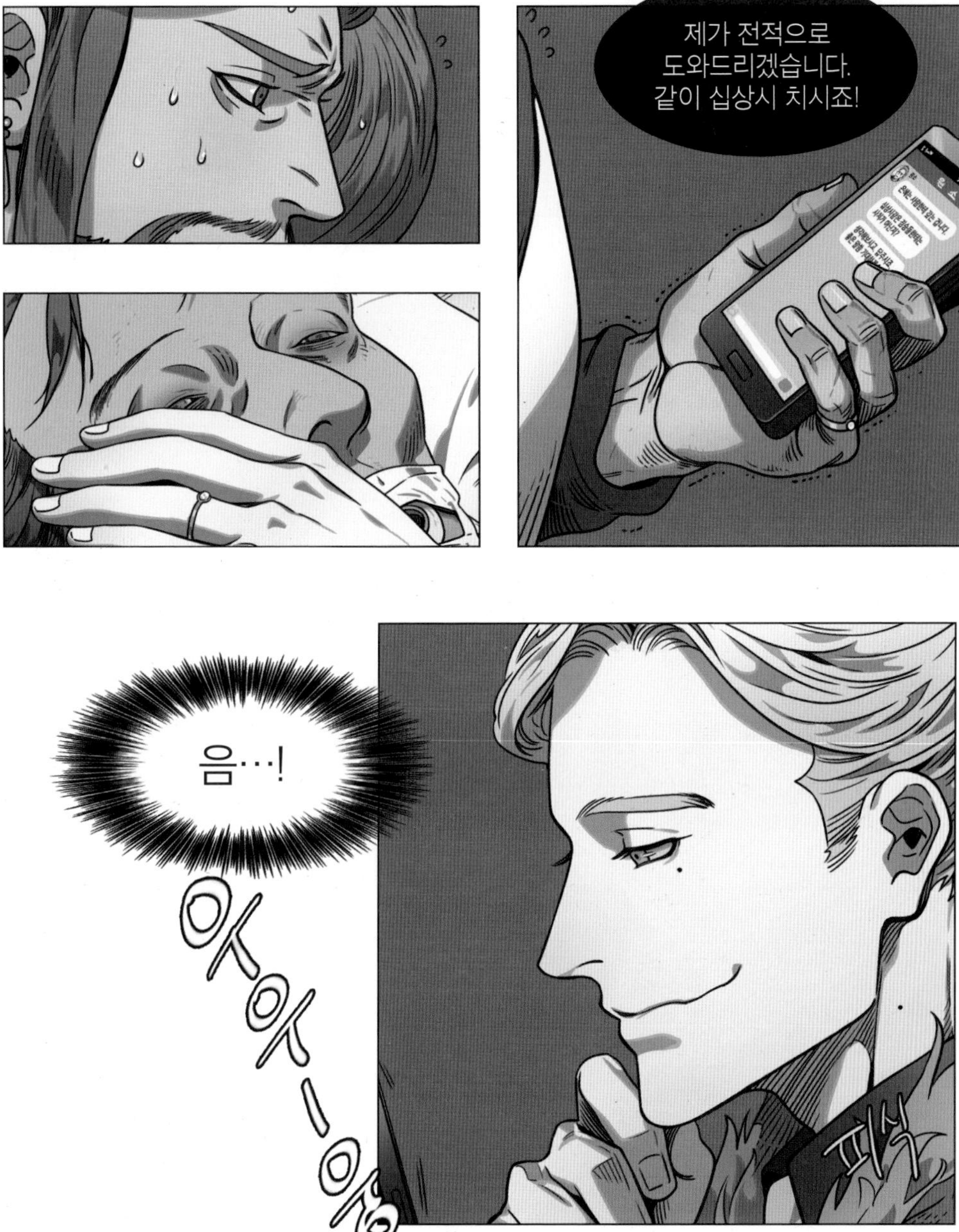

제가 전적으로
도와드리겠습니다.
같이 십상시 치시죠!
음…!
아아ㅡ앙
피식

나, 하진! 전군에 명하노라. 즉시 황궁을 포위하여 십상시를 추포하라!
아만, 파티를 시작하지.
낙양, 황궁 환관 처소

푸욱
흐,
서원팔교위 대장
십상시 건석
아악!!!

아만,
황궁이니
예쁜 말만
쓰겠다고
약속해.
알았다고c
아, 아!
마이크 테스트.
모든 궁인들은
동작 그만!
귀 씻고 잘 들어라.
새 황제폐하와
하진대장군의
명이다!
끄으흐흐…

*하진, 원소와 함께 군사를 끌고 황자 유변을 새 황제로 추대하다.

곽승,
하운,
후람!
단규,
건석!
조충,
조절,
정광,
장양!
이상 십상시 10새들
모조리 추포해!

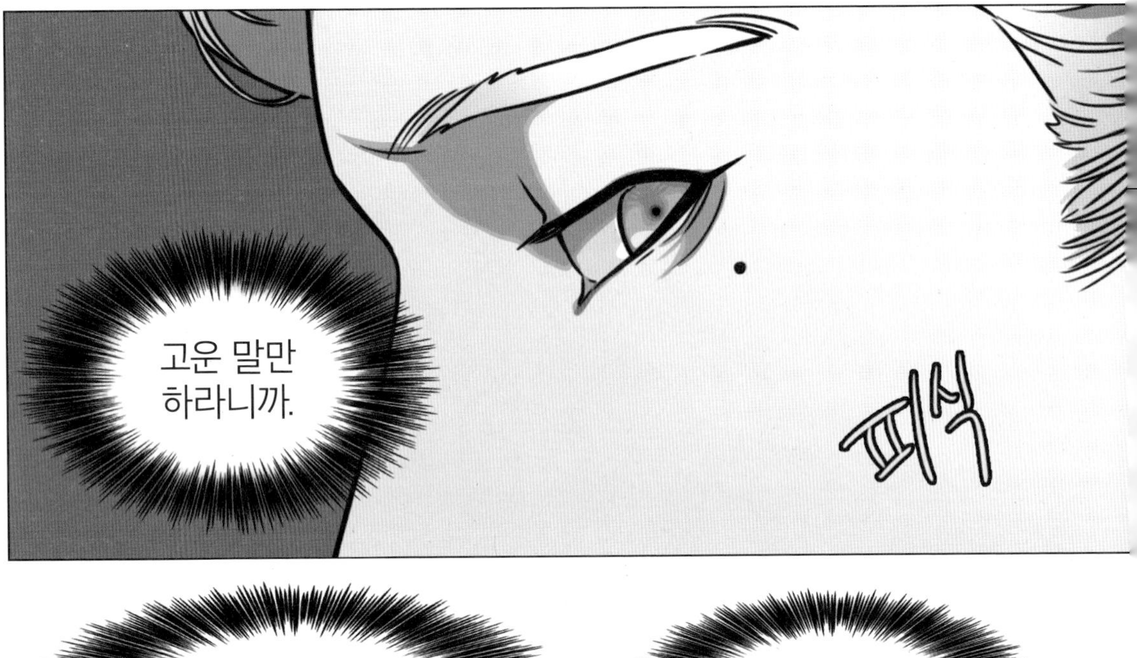
고운 말만
하라니까.
피식
순진한 아만.
넌 이걸로 만족했겠지?
부패한 십상시를
체포하고,
감옥에 가두거나
멀리 유배 보내고?

나는 아니야.
그것만으로
부족해.
챙
강

북쪽 변방, 병주.
아만! 나는 사람의 탈을 쓴 짐승들을 끌어들여서라도…
엉? 왜 부러져?! 빌어먹을…
이 낙양을 깨끗하게 청소하겠어.
여포 字 봉선
크하핫! 이몸, 낙양 가셔야 하는데?

제3권, 「십상시의 난」으로 이어집니다

삼국지톡 2

1판 1쇄 2020년 12월 18일
1판 2쇄 2023년 4월 7일

글 무적핑크
그림 이리
기획·제작 YLAB

책임편집 이보은
편집 김지애 김지아 김해인 조시은
디자인 이현정
저작권 박지영 형소진 오서영
마케팅 정민호 이숙재 김도윤 한민아 이민경 안남영 김수현 왕지경 황승현 김혜원
브랜딩 함유지 함근아 박민재 김희숙 고보미 정승민
제작 강신은 김동욱 임현식

펴낸곳 ㈜문학동네
펴낸이 김소영
출판등록 1993년 10월 22일 제2003-000045호
주소 10881 경기도 파주시 회동길 210
전자우편 comics@munhak.com
대표전화 031-955-8888 | 팩스 031-955-8855
문의전화 031-955-3578(마케팅) 031-955-2677(편집)

인스타그램 instagram.com/mundongcomics
카페 cafe.naver.com/mundongcomics
트위터 twitter.com/mundongcomics
페이스북 facebook.com/mundongcomics
북클럽문학동네 bookclubmunhak.com

ISBN 978-89-546-7519-2 04910
978-89-546-7111-8 (세트)

www.munhak.com